大学の
デジタル変革

DXによる教育の未来

井上雅裕　編著

東京電機大学出版局

\

は　じ　め　に

　コロナ禍をきっかけに，社会と教育のデジタル化が加速している。多くの教員が学習管理システム（LMS）を使い，教育のデジタルデータを扱うようになった。オンライン授業は距離や時間の制約を受けない。他大学や海外の大学とのオンラインでの共同授業も実施されている。

　LMSに蓄積される学習データを分析して，各学生の多様性に合わせた教育や，デジタル技術を活用することで，多様な学生や障害等を持った学生に個別に対応が可能となり包摂的な教育が実現され，学修成果の向上が期待できる。また仮想現実（VR）や拡張現実（AR）などを用いれば，これまでは多くの費用がかかったり，危険であったりするため実現できなかった学習体験を得ることが可能になる。

　さらには，大学間・国際・産学連携でのオンラインによる新しい教育モデルが生まれることで，大学の組織や教育のプロセスの変化が起きる。一つの大学，大学院に入学し，いつも決められた教室で授業を受け，卒業するというこれまでの教育のモデルが変わる。在学中も大学卒業後も国内外の複数の大学でオンラインや対面の併用で多様な学びを継続して行い，生涯に渡って学修履歴を蓄積しながら学び続ける教育モデルに拡張されるだろう。

　公益社団法人日本工学教育協会では「工学教育のデジタライゼーションとデジタルトランスフォーメーションの調査研究委員会」を2021年4月から2023年6月までの期間に時限設置した。本調査研究委員会では，大きく2つの調査研究の対象を設定した。

　第1に大学教育のデジタルトランスフォーメーション（DX）の方向に関し，社会状況，環境，ニーズ，制度，情報技術，国際連携，産学官連携など

の多面的な調査を行い，その方向を示すことである。

　第2の目的をその先行モデルとして，国際的な大学間，産学連携でのリカレント教育に関して調査，検討を行い今後の方向を示すこととした。本書はその調査研究委員会の成果である。

　本書が想定している読者は，大学や高等専門学校等の高等教育機関の教職員，同じく経営管理層，企業の人材開発・研修部門の方，民間の教育・研修会社の方，教育行政に関わる官公庁の方，生涯にわたって継続的な学びをしようとしている学習者の方である。本書は教育のデジタル化に関して幅広く記載しており，初等中等教育機関の教職員の方にも有用であると考えている。

　本書の構成を示す。

　第1章の「大学教育のDXを俯瞰する」では，本書全体の要旨を述べた。ここでは，2章から5章までの内容を概観している。また，2章から5章までの内容はそれぞれ独立しており，1章を読んだ後に，2章以下のどの章からでも読み進めることができる構成とした。

　第2章の「大学のデジタライゼーションとデジタルトランスフォーメーションの現状と将来」では，大学のDXの動向や背景を述べた後に，それを進めるための人材育成を示した。ついで対面授業とオンライン授業を組み合わせたブレンド型授業のありかた，ブレンド型教育の質保証とその成熟度のモデル，オンラインでの国際協働学習を示した後，オンラインで教育を行っている国内外の教育機関のモデルを紹介した。

　第3章の「学習者本位の教育のためのデジタル技術」では，学習者のためのデジタル化のあり方を述べた後，学習データを活用した学修成果の向上，サイバー空間と物理空間が融合する新しい教育のあり方，電子出版による教育の新たな価値創造を示した。

　第4章の「大学を変革するフレームワークとシステム」では，大規模公開

オンライン講座（MOOCs）の最近の急激な商業化の状況，学位より小さな学修単位であるマイクロクレデンシャルについて述べ，マイクロクレデンシャルを活用した国際的な大学間連携のモデルを示した。ついで，学修歴をデジタルで証明する技術と国内外の動向を示し，最後に教育に関する情報システムの標準化と今後の動向を示した。

　第5章の「社会人教育に対する要求と新しい教育モデル」では，リカレント教育と社会人教育の現状と今後の変革について述べた。まず，日本，欧米，東南アジアの社会人教育プログラムを概観し，社会人教育の課題とコロナ禍での状況を示した。次に，人材育成の目標と学習モデルを踏まえて，社会人教育のこれからのモデルを述べた。

　第6章の「これからの大学教育と実現の課題」では，まとめとして，将来の大学教育のモデルとそれが実現された状況を描写した。また，その大学教育のモデルを実現するための課題と方策を示した。

　本書の執筆や出版にあたっては，公益社団法人日本工学教育協会の調査研究委員会の活動を通じて日本，そして世界の大学教育や人材育成に関わる多くの方の協力や助言をいただいた。深く感謝を申し上げ，あとがきに名前を記載させていただいた。

　2022年7月

執筆者を代表して
井上　雅裕

目　　　次

第1章

大学教育の DX を俯瞰する

1.1　大学教育の DX の背景と目的

　持続可能な開発目標（SDGs）などの社会課題解決やイノベーションの創出，Society 5.0 の創造のためには，分野横断の問題発見・課題解決や価値を創造する能力が求められている。グローバル化が進むなか，これらの活動には，国際的な連携や協働が必須であり，それを担う人材として，異文化理解力や言語・コミュニケーションスキル，マネジメントやリーダーシップなどの能力も求められている。

　また，産業構造の変化や技術革新が加速し，大学で修得した知識だけでなく，卒業後も継続的に学習を行い，異なる分野の知識やスキルを得る「リスキリング」（Reskilling）や自己の専門領域の能力を高める「アップスキリング」（Upskilling）が必要になっている。

　これらのことから，大学教育では，卒業後も自らの意思で学び続ける自律的学習者を育成することが本質的に重要になる。

　コロナ禍をきっかけに，社会と大学のデジタル変革が加速している。2020 年度からの 2 年間でオンライン授業が一般化し，多くの教員が学習管理システム（LMS）を使い，教育のデジタルデータを扱うようになった。

　対面授業に対してオンライン授業は，深い人間関係をつくりにくい，集中力を継続しにくい，試験がしにくいなど短所がある一方で，時間と空間の制約を受けない，学生グループでの協働学習がいつでもどこでも実施でき，他大学や海外の大学とのオンラインでの協働学習も一般的になった。他大学や産業界の講師を国内外から距離の制約なく招聘することも行われている。

　パンデミックが終息した後に，大学教育が従来の形態に戻ることはなく，対面とオンライン両方の長所を組み合わせた，学修成果や新しい学習体験が得られるブレンド型（ハイブリッド型とも呼ばれる）の教育が主流になることが予想される。

　また日本では，これまで大学卒業後に学び直すリカレント教育が浸透しなかった。その理由を日本の労働慣行が「メンバーシップ型」であることに求める場合が多い。すなわち，企業に採用された大卒者は職場に配属され，そこで働きながら職務に必要な知識，スキルを学習する。

　職務はローテーションで変化し，その職場固有の知識，スキルを現場で獲得し，最終的にはそれらを総合的な能力に転化することが期待されている [金子 2021]。職務が明確に記述され，それに基づいて雇用される欧米の「ジョブ型」と異なり，日本では自己の意思で学び直し，キャリアを変える動機を持ちにくいといわれている。通勤や労働の拘束時間の長さも制約となり，業務と並行して大学で学び直すことが困難であった。

　しかし，コロナ禍を背景に状況が変化している。職場のテレワークが普及し，通勤時間が減少した。また，テレワークでは，業務を拘束時間でなく成果で管理する形態が望ましいことがわかってきた。社会人が多い大学院ではオンライン授業を積極的に取り入れ，社会人の便宜を図っており，大学院の設置基準や履修証明制度 [文科省] は，社会人の学び直しを促進するために改正も進んでいる。

　このような大学教育の変化はコロナ禍による一過性のものではない。すでに存在していた教育改革の課題がコロナ禍による浮き彫りになり，デジタル変革が加速されていると考えるのが妥当である。今後は対面授業とオンライン授業の長所を組み合わせた新たな大学教育に進むとともに，デジタル技術とオンラインを活用し，距離や時間の制約を越えて，大学教育のデジタル変革が進み，国際連携，産学連携，リカレント教育の発展が期待される。

1.2 大学教育の DX と教学マネジメント

　大学教育のデジタル化（デジタルトランスフォーメーション：DX，Digital Transformation）は，教育 DX，研究 DX，業務 DX などの多様な内容から構成される。本書では，主に教育 DX について述べる。

　高等教育での情報技術の国際協会である EDUCAUSE は，大学などの教育機関の DX の段階を，図 1.1 のように示している。そこでは段階をデジタイゼーション（Digitization），デジタライゼーション（Digitalization）と DX の 3 ステージと，それをさらに分けた 5 ステップに区分している。

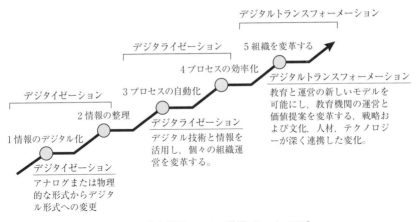

図 1.1 　教育機関の DX の段階［Brooks 2020］

　図 1.1 の区分では，デジタイゼーションは，アナログまたは物理的な形式からデジタル形式への単なる変更であり，それには情報のデジタル化と情報の整理が含まれる。デジタライゼーションは，デジタル技術と情報を活用して個々の組織運営を変革することであり，これにはプロセスの自動化とプロセスの効率化が含まれる。DX は，大学教育と運営の新しいモデルを可能にし，教育機関の運営と戦略および価値提案を変革する文化，人材，テクノロジーが深く連携した変化とされている。

　これらのステージは必ずしも時系列で進むものではなく，同時並行で進む場合もある。また，DXの実現には，デジタイゼーションやデジタライゼーションが包含されると考えるのが自然である。ここで，デジタライゼーションがプロセスの自動化や効率化に重点が置かれているのは，大学業務のDXの視点を重視したと理解できる。

　本書の対象は，大学教育のデジタライゼーションとDXの両方であり，両者を以下のように区分した。デジタライゼーションに関しては，デジタル技術を活用した教育プロセスの個々の高度化や新しい価値創出を主要対象とし，DXに関しては，教育全体のプロセスやモデルの変革，教育組織の変革を主要対象とする。

1．大学教育のデジタライゼーション

　大学教育のデジタライゼーションをデジタル技術による教育のプロセスの個々の高度化や大学教育に新しい価値を生み出すことと定義する。

　学修成果や学習プロセスをデジタルデータによって可視化・分析し，より良い教育へと改善することが可能になる。学習データを活用することで，学生一人ひとりの多様性や進度に合わせた教材の提供や学習の支援を行うことが可能となる。

　また，仮想現実（VR），拡張現実（AR）や遠隔の実験設備を用いた実験を活用することで，新しい学習体験の提供が可能となる。デジタル技術を使うことで，現実の実験では体験できない大規模な装置，危険な実験，実社会の工場プラントの設計体験も可能となる。このように，教育のデジタライゼーションにより，教育の質の向上，学修成果の向上，多様な学生への対応が期待できる。

2．大学教育のDX

　大学教育のDXを社会のニーズをもとに，デジタル技術を活用し，教育を提供するモデルを変革するとともに，組織，プロセスを変革することと定義する。

　大学間・国際・産学連携でのオンラインによる新しい教育モデルが生まれ，リカレント教育，大学院教育，大学教育が変革する。大学入学後にその大学の授業だけを対面で履修し，卒業して社会に出るという従来の概念が変わる。

　国内のひとつの大学，大学院に入学し単位を取得して，学位を取得するというこれまでの教育のモデルが変わる。大学在学中はもちろん，卒業後も国内外の複数の大学でオンラインや対面の併用で多様な学びを継続して行い，デジタル化された学修歴や単位，学位より小さな学修単位であるマイクロクレデンシャルを得ながら，生涯に渡って学び続けられる。その結果として知識・スキルや学位を取得するモデルに拡張される。このモデルでは，大学教育やリカレント教育がデジタル技術を活用し世界レベルで連携，融合し，産学連携での教育が大きく進展する。産業界のエキスパートが遠隔から大学の講師を務めることも容易になる。

　一方で，このような大学のビジネスモデルの変革は，大学の本質的な価値を問い，大学の収益構造や競争環境にも大きな影響を与える。各国の先行事例や民間の教育サービスの動向などを注視するとともに，ビジョンを持って前に進むことが必要である。本書ではその動向や将来の方向を示すことを試みた。

　ここで述べた大学教育のデジタライゼーションと DX を教学マネジメントの 3 階層である大学全体レベル，学位プログラムレベル，科目レベルの各視点で配置して図 1.2 に示す。

　デジタライゼーションは，デジタル技術により新しい価値を生み出す変化であり，科目レベル，学位プログラムレベルまでが主要な対象となる。一方で，DX は，デジタル化による組織や教育を提供するモデルの変革であり，大学全体レベ

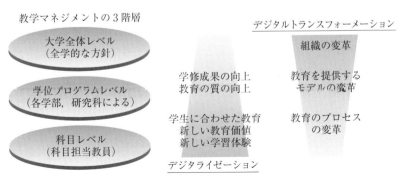

図 1.2　デジタル変革の教学マネジメントでの位置 ［井上 2022a］

ル，学位プログラムレベルの変革が主要な対象になる。

3．対面とオンラインの複合による教育

　対面とオンラインを複合する教育は，「ブレンド型学習（Blended Learning）」や「ハイブリッド（な学び）」[溝上 2021] などと呼ばれている。本書では，対面とオンラインを複合する教育を以下のように定義する。

　ブレンド型学習は，知識の習得をオンデマンド型などで行い，知識の活用やディスカッションを対面で行う対面とオンラインのメリットを組み合わせた教育の方法である。学生が複数の教育形態で学習することで学修成果の向上が期待できる。

　一方で，ハイブリッド教室（Hybrid Classroom）（ハイフレックス：HyFlex，Hybrid-Flexible とも呼ばれる）は，対面とオンラインを複合する教室の形態であり，学生は対面またはオンラインのどちらかに出席し授業を受ける。これにより，対面での参加が困難な学生に学習の機会を提供する [井上 2021a]。

4．対面とオンライン融合による国際連携

　コロナ禍において，オンライン国際協働学習（Collaborative Online International Learning：COIL）と呼ばれる授業形態が活用された。理工系学部では，従来は対面で実施されていたグローバル PBL が，2020 - 2021 年はオンラインに切り替え実施された [井上 2022b，井上 2021b]。

　海外に渡航して対面で設計や製作を国際チームで協働実施することはコロナ禍では困難であるため，インターネット上のクラウドベースの開発環境を使ったり，学生が仮想空間（メタバース）に集まって協働作業をするなどの工夫がされている。ここで，学生は国際バーチャルチームでの協働開発を体験している。

　一方で，文化や言葉の異なる学生がオンラインで初めて会い，絆を築くのは難しい。実際に海外に渡航し，そこで異文化に触れ，各国の学生と同じ空間で学び，感動を共有することは貴重な経験である。渡航の時間や費用の負担が少ないオンラインでの国際交流と，現地での異文化体験や長い関係を続けることができる渡航を伴う対面の国際交流は，相互補完の関係にある。これからは，対面とオンラ

インの融合による新しい形態の国際連携を進める必要がある。

5．ミネルバ大学（オンラインと対面の融合）

　2014 年に創立された米国のミネルバ大学は，オンラインと対面を組み合わせた特徴ある教育を実施している。

　授業はすべてオンラインで実施され，20 名以下の学生による少人数制クラスとして，アクティブラーニングが重視されている。デジタル技術を活用し，学習のパフォーマンス評価や学習データ分析に基づいたフィードバックが迅速に行われている。大学はキャンパスを持たず，学生は 4 年間で世界 7 都市をめぐり，各都市で寮生活を行う。さらに各都市でインターンシップを行い，多様な文化環境で現場の体験を行う。

　ミネルバ大学は，オンラインと対面の長所を組み合わせ，大学教育の組織や運営費用，教育の提供モデルやプロセスを従来の大学と大きく変えており，大学教育の DX の特徴的な例である。さらに，デジタル技術を活用し，学修成果を高めるデジタライゼーションもそこに包含されている。

6．ブレンド型教育のマネジメント

　対面とオンラインを組み合わせるブレンド型教育による学修成果の向上とその質保証に対しては，大学組織としての体系的なマネジメントが重要である。

　欧州では Erasmus ＋のプロジェクトでブレンド型教育の成熟度モデルの検討が 2017 年に開始され，2020 年 5 月に報告書が発行されている [EU 2020]。ここでは，ブレンド型教育を「科目レベル」，「学位プログラムレベル」，「高等教育機関レベル」の 3 階層でモデル化し，「科目レベル」や「学位プログラムレベル」に関しては「対面とオンラインのブレンド」や「学生から見た選択の柔軟性」，「学生の自主的な学習の促進」，「多様な学生への学習機会の保証」などの視点が指標化されている。

　また，「高等教育機関レベル」では，「大学としてのブレンド型教育に対するビジョン・目標の明確化」，「ベストプラクティスの共有」，「継続的・体系的な研修

機会や専門スタッフの尊重」,「ガバナンス」,「体系的な財務支援」,「設備環境の整備」などの指標が体系化され, すべての評価項目に対して成熟度の指標としてルーブリックが設定されている。ルーブリックは3レベルから構成されており,レベル1（検討が不十分）,レベル2（体系的に設計されている）,レベル3（データに基づき継続的に改善されている）となってる。

1.3　学習者本位の教育のための DX

　DX は手段であり, 学習者本位の教育の実現が本来の目的である。学び続ける能力の育成, 自律的学習者の育成が重要であり, 個々の学習者に合わせた学習環境と学習支援が学習者の自律性を下げるのではなく, 高める効果を持つことが必要である。

　学修成果や学習プロセスのアセスメント（評価）をデジタル技術の活用で実施して, 学習者のリフレクション（振り返り, 内省）を促し, モチベーション（学習意欲）を高めることができる。ここでも自律的な学習者を育成する視点が重要である。

1. データ駆動型教育とラーニング・アナリティクス
　教育・学習データをエビデンスとしての分析を行い, 教育に活用するデータ駆動型教育が望まれている［教育再生2021］。第1に, 科目レベル, 学位プログラムレベルで教育・学習データを分析し, 学習支援や教育改善を行うラーニング・アナリティクス（Learning Analytics：学習分析）, 第2に教育データを高等教育機関として集積し分析し, 教育機関としての質保証, 意思決定, 改善を行う IR（Institutional Research）, 第3に複数の教育機関にまたがる情報を公的に集約し, 政策決定に用いる EBPM（エビデンスに基づく政策立案：Evidence Based Policy Making）に分類される。教育機関ではラーニング・アナリティクスと IR が実施の対象となる。教育・学習データ利活用に関するポリシーに関しては, 大

学 ICT 推進協議会（AXIES）がガイドラインを策定している。

２．サイバーフィジカル（Cyber‐Physical）連携での学習の場の拡張

　仮想現実（VR），拡張現実（AR）や遠隔の実験設備を用いた実験を活用することで，新しい学習体験の提供が可能となる。デジタル技術を使うことで，現実の実験では体験できない大規模な装置，危険な実験，実社会の工場プラントの設計体験も可能となる。

３．電子出版

　電子出版による電子書籍や電子（デジタル）教科書は，大学教育に変革をもたらす。電子書籍は，文字を拡大したり読み上げを行うなどで視覚障害をもった学生などが容易にアクセスできる。また，多言語化が可能であり国際連携教育で活用しやすい。次に，学生が電子書籍を使うだけでなく，プロジェクトや研究成果の発表の一環として電子書籍を制作する能動的な学習を行うことができる。これは知の還流による新しい教育モデルである［湯浅 2020］。

1.4　DX を支えるフレームワーク

１．大規模公開オンライン講座（MOOCs）

　大規模公開オンライン講座は，Massive Open Online Courses（MOOCs：ムークス）の日本語訳であり，インターネット上の大規模な開かれた講座を指す。経済状況や年齢を問わず，誰でも，どこからでも，国境も越え，学ぶ意思を持つ人に高いレベルの教育を提供することを目的として開始された。本格的な普及は2012 年からであるが，2021 年の MOOCs の受講者数は世界で 2 億 2,000 万人，講座を提供している大学数は 950，講座数は 19,400 である。コロナ禍をきっかけに，新規の受講者が 2020 年に 6,000 万人増，2021 年には 4,000 万人増と急激に増加している［Class Central 2021］。

　社会での継続的な能力開発の要求に加え，コロナ禍でのテレワークやオンラインでの活動の浸透により，2020〜2021年の2年間でMOOCsに世界的に大きな変化が起きた。社会人を含む受講者の急激な増加，民間から提供される講座の増加，そして商業化である。

2．マイクロクレデンシャル

　卒業後も学び直し，継続的な能力開発，リスキリング，アップスキリングが求められている。これに対して，修士や学士などの学位プログラムよりも短期間で特定の領域を学び，その学修歴を証明する手段としてマイクロクレデンシャル（Micro-credential）が，世界各国で注目されている［OECD 2021］。

　マイクロクレデンシャルは，「学位取得を目指す学習よりもより細かく区切られた学習単位であり，個別に大学などの主体が認証したもの」である。マイクロクレデンシャルは，比較的短い学習期間と負担で，特定のスキルやトピックに重点を置いている。授業方法も対面に限定せず，オンラインやオンラインと対面を組み合わせたブレンド型などの柔軟な授業方法が使われる。

　マイクロクレデンシャルの目的は，継続的な教育の機会を増やすことや，雇用や昇給に結びつくスキルの獲得や学修歴の証明である。

　大学の立場でみると，マイクロクレデンシャルは新しい教育プログラムとしての新事業の機会であり，18歳人口が減少する中で，リカレント教育での収入増につながる。また，米国のMITをはじめとする複数の大学が修士課程の一部分をマイクロマスター等の名称でマイクロクレデンシャル化している。マイクロマスターを取得後に修士課程に入学すれば，単位として認定される仕組みがある。マイクロクレデンシャルやMOOCsは，優秀な学生を世界各国から早期に獲得する手段としても位置付けられる。

3．学修歴証明書のデジタル化

　卒業証明，成績証明などの学修歴証明書のデジタル化は，フローニンゲン宣言に基づく国際的なネットワークの下で取り組みが進展し世界的にデジタル化が進

んでいる。例えば，米国の大学や大学院で学位を取得した卒業生は，オンライン
で容易にデジタル化された卒業証明書を入手できる。

　世界各国に比較しデジタル化が遅れていた日本でも，2021 年度から国際基督
教大学，芝浦工業大学，南山大学などが卒業証明書などの学修歴のデジタル化の
実用を開始している [RECSIE]。デジタル化されることで渡航を伴う留学やオンラ
インでの留学の際の，留学生の卒業証明書，成績証明書の発行，提出，認証が容
易になり，人手もかからず，時間やコストも低減できる。国内での就職や転職時
の企業への卒業証明書の提出などの際もデジタル化は有用である。

　デジタル化された証明書としてデジタルバッジがあり，それを標準化したもの
がオープンバッジ（Open Badges）である。ブロックチェーン技術などを取り
入れることで，改ざんが防止されている。マイクロクレデンシャルのデジタル証
明書はオープンバッジを用いている場合が多い。

　デジタルバッジなどのデジタル証明書に記載されるマイクロクレデンシャルの
質保証とレベルを示す評価システムは，教育の課題であり，欧州委員会や
OECD で検討が始まっている。今後は，日本およびアジアにまたがるマイクロ
クレデンシャルの仕組みづくりが必要になる。

4．総合的な学習マネジメント

　学習者のための生涯にわたる学習の履歴として包括的な学習者記録（Comprehensive
Learner Record：CLR）（図 1.3）が検討されている。この記録には初等中等教
育から高等教育，リカレント教育までの学位，資格，デジタルバッジ，コンピテ
ンシーが記録され，学習者のキャリアアップや能力証明，就職などに利用される。
今後は大学での学びがオンラインと対面を融合し，海外を含めた複数の大学にま
たがる状況になると予想される。また，学習が生涯にわたりその記録が包括的学
習者記録として集積され，学習者が活用する未来を想定する必要がある。

　図 1.4 に現在の大学内に閉じた学習データと学習者本位の学習データを対比し
た。これからは，大学内に閉じた学習データから学習者本位の学習データへの視
点の転換が必要である。現在，総合的な学習管理システムとして次世代電子学習

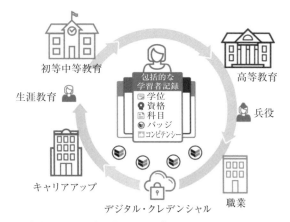

図1.3　包括的な学習者記録〔IMS〕Ⓒ IMS Global Learning Consortion

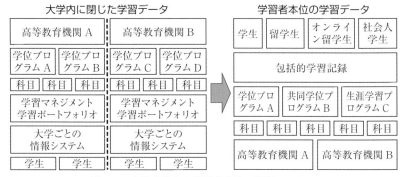

図1.4　大学主体から学習者本位の学習データへ

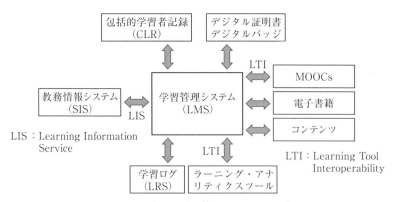

図1.5　総合的な学習管理システムの概念図

環境（NGDLE）が検討されている。NGDLE では，教育に関連するシステム間のデータ連携・統合を行い，学習データ評価分析や相互運用が可能になる。ICT活用教育の国際的コンソーシアムである 1EdTech Consortium［1EdTech 2022］（2022 年 5 月に IMS Global Learning Consortium から名称を変更した）ではその技術標準化を進めている。図 1.5 に電子書籍，ラーニング・アナリティクス，MOOCs，デジタル化された学習歴証明書が接続された総合的学習管理システム（LMS）の概念図を示した。

1.5　大学教育およびリカレント教育での国際連携・産学連携の教育モデル

　先に述べた大学教育とリカレント教育をデジタル変革する要素を踏まえて，そのモデルとして，国際的な大学間，産学連携でのリカレント教育に関して述べる。

　アジアの世紀といわれる 21 世紀に，日本の大学がアジアの大学と連携し，国際連携，産学連携により新しい教育モデルを構築し人材育成をリードすることが期待される。

　アジアの大学との連携によるオンラインと対面を併用したリカレント教育，工学教育，マネジメント教育を設計する。ここでは国内外の大学が複数の科目から構成される教育モジュールを提供する。例えば，IoT やロボティクス，AI やデータサイエンス，DX，マネジメントに関する教育を国内外の各大学がオンラインや対面授業の併用で提供し，これに対しマイクロクレデンシャルを発行する。

　受講生は日本国内外企業の社員や大学院生であり，講師は大学教員だけでなく企業の実務家やエキスパートを迎えることで先端的技術や実践的教育を行う。企業にとっては，一企業では提供できない多様な教育を社員に対し実施することが可能となる。日本の大学とアジアの大学が連携したプログラムを提供する環境で，異文化間コミュニケーション，リーダーシップなどの能力を高めることが可能となる。

参考文献

［井上 2021a］井上雅裕，コロナ禍での大学教育の変革〜対面とオンラインによる新たな大学教育の展開，DX時代の生涯教育〜，大学教育と情報，2021年度 No.1（通巻174号）

［井上 2021b］井上雅裕，理工系のCOIL（Collaborative Online International Learning）の授業設計・基礎技術と実施事例，2021年度第2回オンライン授業に関するJMOOCワークショップ「海外大学と連携した授業実施とその基礎技術」，https://www.jmooc.jp/workshop20210921/，参照日：2022-01-05

［井上 2022a］井上雅裕，角田和巳，長原礼宗，八重樫理人，石崎浩之，丸山智子，大学教育のデジタルトランスフォーメーション，工学教育（J.of JSEE），Vol.70，No.3，pp.3-8，2022.

［井上 2022b］井上雅裕，大江信宏，間野一則，グローバルPBLとサイバーフィジカル空間への拡大 ―理工系でのオンライン国際協働学習（COIL）の現状と今後―，工学教育（J.of JSEE），Vol.70，No.3，pp.9-14，2022.

［金子 2021］金子元久，リカレント教育の新局面，IDE現代の高等教育，No.630，5月号，2021.

［溝上 2021］溝上慎一，ハイブリッドな学びと大学教育のイノベーション，IDE現代の高等教育，No.635，11月号，2021.

［文科省］大学等の履修証明制度について，https://www.mext.go.jp/a_menu/koutou/shoumei/，参照日：2022-03-17.

［教育再生 2021］教育再生実行会議，ポストコロナ期における新たな学びの在り方について（第十二次提言）（令和3年6月3日），参照日：2022-03-17.

［湯浅 2020］湯浅俊彦 『電子出版概論 ―アフターコロナ時代の出版と図書館―』（出版メディアパル）2020年11月

[1EdTech 2022] 1EdTech Consortium, https://www.1edtech.org, 参照日：2022-08-01

[Class Central 2021] Class Central, A Decade of MOOCs：A Review of MOOC Stats and Trends in 2021, https://www.classcentral.com/report/moocs-stats-and-trends-2021/, 参照日：2022-01-05

[Brooks 2020] D. Christopher Brooks and Mark McCormack, Driving Digital Transformation in Higher Education, ECAR Research report. Louisville, CO：ECAR, June 2020.

[EU 2020] EUROPEAN MATURITY MODEL FOR BLENDED EDUCATION, May 2020, https://embed.eadtu.eu/, 参照日：2021-12-09

[IMS] IMS Global, Comprehensive Learner Record, https://www.imsglobal.org/activity/comprehensive-learner-record, 参照日：2022-01-05

[OECD 2021] OECD, Micro-credential innovations in higher education Who, What and Why?, OECD Education Policy Perspectives, No.39, 22 Sep 2021

[RECSIE] 国際教育研究コンソーシアム，学修歴証明書デジタル化実験，http://recsie.or.jp/project/digital-fce，参照日：2022-01-05

第2章

大学のデジタライゼーションとデジタルトランスフォーメーションの現状と将来

2.1　大学の DX の動向

　新型コロナウイルス感染症の拡大により，大学のデジタル化（ICT 化）などデジタライゼーションは，教育活動の継続性を確保するうえで必要不可欠であり，ほぼすべての大学においてはオンライン授業実施に関する検討がなされた。

　国立情報学研究所ならびに大学の情報環境のあり方検討会は，大学などにおける遠隔授業や教育 DX などに関する情報を共有することを目的に，2020 年 3 月から「大学等遠隔授業に関する取組状況共有サイバーシンポジウム」[国立情報学研究所 2020] を開催した。

　「大学等遠隔授業に関する取組状況共有サイバーシンポジウム」は，その後，名称を「大学等におけるオンライン教育とデジタル変革に関するサイバーシンポジウム『教育機関 DX シンポ』」に変え，これまで 52 回（2022 年 7 月 1 日現在）開催されている。

　現在，「ウィズ・アフター（With／After）コロナ」の世界的な社会構造変化に対応するデジタルトランスフォーメーション（DX：Digital Transformation）も求められており，大学をはじめとする教育機関においても，それは例外ではない。DX は，2004 年にスウェーデンウメオ大学教授のエリック・ストルターマンによって提唱され [Eric 2004]，「IT の浸透が，人々の生活をあらゆる面でよりよい方向に変化させる」ことを目指した概念である。

　DX には多くの定義や解釈が存在しているが，一般的に「IT に代表されるテクノロジーを利用して事業の業績や対象範囲を根底から変化させる」ことを意味しており，単なるシステム導入による IT 化やデジタル化とは別物と定義される。

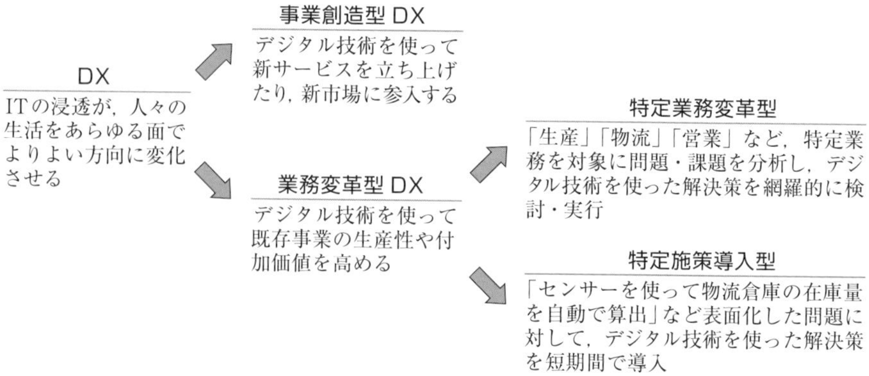

事業創造型DX
デジタル技術を使って
新サービスを立ち上げ
たり，新市場に参入する

DX
ITの浸透が，人々の
生活をあらゆる面で
よりよい方向に変化
させる

特定業務変革型
「生産」「物流」「営業」など，特定業
務を対象に問題・課題を分析し，デジ
タル技術を使った解決策を網羅的に検
討・実行

業務変革型DX
デジタル技術を使って
既存事業の生産性や付
加価値を高める

特定施策導入型
「センサーを使って物流倉庫の在庫量
を自動で算出」など表面化した問題に
対して，デジタル技術を使った解決策
を短期間で導入

図2.1   DXの分類

　一般的にDXは，デジタル技術を用いて新しい製品やサービスを創出し新市場への参入を目指す「事業創造型DX」と，デジタル技術を使って既存事業の生産性や付加価値を高める「業務変革型DX」に分類されることが報告された〔水田2021〕。

　「業務変革型DX」は，「生産」，「物流」，「営業」など，特定業務を対象に問題・課題を分析し，デジタル技術を使った解決策を網羅的に検討し，その実行を目指す「特定業務変革型」と，センサーを使って物流倉庫の在庫量を自動で算出など，表面化した課題に対して，デジタル技術を使った解決策を短期間で導入する「特定施策導入型」に分類することができる。

　先に述べた「大学等遠隔授業に関する取組状況共有サイバーシンポジウム」や「大学等におけるオンライン教育とデジタル変革に関するサイバーシンポジウム『教育機関DXシンポ』」で共有された大学の取り組みのほとんどが，「事業創造型DX」か「業務変革型DX」のいずれかに分類されるが，多くは「業務変革型DX」に分類される取り組みである。

　次の2.3節で述べる「オンライン授業，ブレンド型学習，ハイブリッド教室の方法とその特徴」は，「教育」における授業の抱える課題に対しデジタル技術を使った解決策を提案し，それを実行した点で，「業務変革型DX」の「特定業務変革型」に分類される。

　一方，2.5節で述べる「グローバルPBLとオンライン国際協働学習COIL（Collaborative Online International Learning）」などの取り組みは，オンライン国際PBL実施における学修成果の向上の問題に対してデジタル技術を使った解決策を提案し，それを実行した点で「業務変革型DX」の「特定施策導入型」に分類される。

　大学においては，「事業創造型DX」に関する取り組みは非常に少ないが，2.6～2.9節で述べるミネルバ大学，サイバー大学などは，デジタル技術を用いて新しい教育サービスを創出し，新市場への参入を果たしている点で「事業創造型DX」に該当する。

　一般社団法人情報サービス産業協会要求工学実践部会は，DXを現場で推進するための指針となるガイドラインの策定を目指し，実践の場で得られた経験や技術を整理し体系化すべく「デジタルトランスフォーメーション（DX）の現状と動向」[情報サービス産業協会 2018]を発表した。

　「デジタルトランスフォーメーションの現状と動向」では，「DXの実現技術」として，「デザイン思考」[ERIC 2004]，「共創」[武山 2017]，「データ駆動」[平野

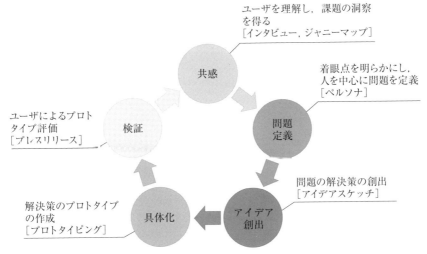

図2.2　デザイン思考と要求定義，アイデア創出・検証手法

2021]，「BMI（Business Model Innovation）」[Yuran 2021] の4つの技術をあげた。

「デザイン思考」は，DX を推進するために必要な技術として注目されており，多くの企業が「デザイン思考」に基づく DX 推進を実施している。デザイン思考は，人を起点とする課題発見と解決法の方法論である。青山は，「デザイン思考とは単なる設計より広い意味であり，むしろ要求定義に近い」[情報サービス産業協会 2018] と述べている。

図 2.2 は，デザイン思考の一般的なフレームワークに，インタビュー，ジャーニーマップ，ペルソナ，プロトタイピングなどの要求定義手法と，アイデアスケッチやプレスリリースなどアイデア創出，アイデア検証技法を関係付けたものである。特にユーザ中心の要求定義手法がデザイン思考との親和性が高く，ジャーニーマップなどユーザの感情も考慮した要求定義手法がデザイン思考では用いられる。

「デザイン思考」は，汎用的な枠組みであるため，適用の自由度は比較的高く，国内では多くのデザイン思考の多くの取り組みが実施されている。NTT データデジタルビジネスデザインセンターは，2011 年から企業に対して，デザイン思考をベースにした新規ビジネス・サービス創出のコンサルティングサービスを提供している [植田 2017]。

新規ビジネス・サービス創出のプロジェクトでは，単にデザイン思考の5つのプロセスを実行するだけではプロジェクトが成功せず，「主観的な意思決定基準をつくる」，「プロジェクトの進め方に個人の持つ確証バイアス（ものの見方のかたより）をなくす仕掛けを入れる」の2つのポイントをプロジェクトに組み込んでいる。この2つのポイントをプロジェクトに組み込むことで，「自分たちが本当に実現したく，自分たちの顧客に求められるサービスを生み出すことができる。プロセスはあくまでもプロセスで，それをどのような姿勢で，どのように進めていくのかが大切」と結論付けている。

香川大学では，大学業務を実施するユーザである教職員を対象に業務 UX（User Experience）調査を実施した [香川大学 2022]。香川大学で実施した業務 UX 調査は，ペルソナ法 [植田 2017]，ジャーニーマップの作成 [ポップインサイト 2021]，

```
ペルソナ 1  片原  町子
職員 16 年目 (法学部→人事企画 G→医学部→学務 G→共創人材養成 G)
(5 部署回って学内の人間関係はだいたい知っている)
家庭：夫 (自営業), 子供 2 人 (小学生 6 年生, 双子)
趣味：ゴルフの打ちっぱなし, バレーボール (職員バレー部キャプテン)
特技：キャリアアドバイザー
一言：子供も大きくなったし, 次のステップを目指そうかな (管理職試験)
```

```
ペルソナ 2  古高  松雄
職員 8 年目 (国際 G→財務企画 G→創造工学部→企画 G)
(4 部署目, 大学全体の様子が少し見えてきた)
家庭：実家暮らし, 香川で生まれ育った。大学生時代だけ県外だった。
趣味：食べ歩き, 飲み屋めぐり, 一人旅。
特技：英会話
一言：学内の職員とはあまり「うま」が合わない。大学の友人と国内旅行するか。
```

```
ペルソナ 3  栗林  公代
職員 3 年目 (教育学部→総務 G)
(2 部署目で最初の部署との文化の違いに戸惑っている)
家庭：高松市内で一人暮らし (岡山県出身)
趣味：同期の友人 (医学部) とキャンプ
特技：プログラミング, 絵画 (イラスト)
一言：学部の学務の仕事は面白かったが, 総務 G は会議ばかりでつまらんな。
```

図 2.3 UX 調査で定義されたペルソナ

参加者へのインタビューから構成された。

ペルソナ法は, ユーザの視点でサービスやシステムを開発するために用いられる手法で, 典型的なユーザパターンを導出しユーザを代表するモデルとして仮想の個人を作成する。ペルソナ法は, 関係者相互のユーザイメージやユーザパターンの共通理解を促す目的に実施され, UX に基づいてシステムやサービスを開発する際によく用いられる。

ペルソナ法は, 異なるゴールを持つユーザタイプごとにペルソナを設定すべきとの考え方に基づいており, 一般的に提案するシステムやサービスに対して複数のペルソナを設定し, 最優先のペルソナのニーズを満たすものを目標にシステムやサービスが検討される。

業務 UX 調査では, 3 種類のペルソナを設定した。図 2.3 は, 香川大学が業務UX 調査で設定したペルソナを示している。

「ペルソナ 1」は, 16 年目の職員で, 学務・学生系, 総務・人事系, 部局 (学

部）など，ひととおりの業務経験を有しており，学内にも多くの知り合いがいる職員を想定し，今後管理職試験を受けてステップアップを目指す中間管理職的な位置付けの職員とした。

「ペルソナ 2」は，8 年目で大学全体が少しずつ見えてきた職員を想定しており，特定の技能を有する（英語）職員とした。

「ペルソナ 3」は，3 年目の若手職員で，部局（学部）と総務系しか経験しておらず，部署ごとの文化の違いに戸惑っている職員を想定し，さまざまな業務の中から自分自身の適性を見極めようとしている職員とした。

ジャーニーマップは，人々と製品やサービスとの関わりを時間軸で表現したものであり，複数のタッチポイント（ユーザとサービスの接点）をまたぐ体験の連続性に着目し，その過程で起きるさまざまなできごとについて，行動，感覚，認識，思考，感情などを明らかにする手法である。

ジャーニーマップは，複数のタッチポイントをまたいだ一連のユーザ体験の全体像を，プロセスだけでなくユーザの行動や感情を含め視覚化することを目的として作成される。ジャーニーマップを作成することで，時間軸の観点でユーザ体験を関係者間で共有できる。また，ユーザ体験の全体像を示すことで，改善すべきポイントを考慮したユーザ体験の概要も検討できる。ジャーニーマップにおける横軸のフェーズと縦軸の項目は，一般的にサービスやプロジェクトによって異なり，実際のユーザ行動からフェーズを定義し，フェーズに伴う要素として，縦軸に必要な項目を設定する。

業務 UX 調査では，「出勤前」や「学内会議」，「学生教員対応」などをフェーズとした 1 日単位のジャーニーマップと，「学内業務」，特に職員が意識している年度初めの「予算措置」や「科研費などの外部研究費獲得支援業務」，「年末調整業務」などをフェーズとした 1 年単位のジャーニーマップの 2 種類のジャーニーマップを作成した。それぞれの縦軸の項目は，「行動，思考・感情，課題，解決策」とした。参加者には，各フェーズの「行動，思考・感情，課題，解決策」についてその内容を付箋に記入してもらった。

図 2.4 は，1 日単位のジャーニーマップを示している。「学生教員対応」フェ

ーズでは，課題として「学生にうまく必要な情報が伝わらない」，「学生はスマホなのに，まだ我々は紙である」，「利用者の視点で窓口サービスが行われていない」が課題として抽出された。参加者へのインタビューは，参加者全員でジャーニーマップの各項目の内容を確認しつつ実施された。

図 2.5 は，インタビューの様子を示している。インタビューでは，「行動，思考・感情，課題，解決策」について参加者間で議論・共有することを目的に実施され，インタビューを通じて，付箋に記載された内容が共感できる内容であるか

図 2.4　1日単位のジャーニーマップ

図 2.5　インタビューの様子

どうかなどが確認される。インタビューでは，「残業時間が長い人が評価される文化がある」，「上司や先輩が残っていると，定時後でも帰りにくい雰囲気がある」，「学内にスキルアップを促すような手段がない」という意見には多くの賛同が寄せられ，「残業が本当に必要な業務以外では残業が行えない仕組みやシステムの構築」，「実績に基づいて正しく評価を行う仕組みやシステム」や，「学内スキルアップ研修プログラムの構築」などを求める意見があがった。

　香川大学の「業務UX調査」で実施したインタビュー，ジャーニーマップ，ペルソナなどの要件定義手法を大学業務を対象に実施することで，「自分たちが本当に実現したく，自分たちの顧客（大学に例えると学生と教職員）に求められるサービス」とは何かを検討することができる。

　「共創」とは，ユーザなどのステークホルダが問題の発見と解決に参画することにより新たな洞察，問題の発見，より良い解決方法の創出を図ることであり，多くの企業で「共創」の取り組みが進められている［日高 2017］。

　ユーザなど組織外を含む多様なステークホルダと協働して何らかの成果をあげることは非常に難しい。香川大学で実施した「UX調査」は，ユーザである教職員の「共創」により新たな洞察，問題の発見，より良い解決方法の導出を目指した取り組みにも該当する。

　「データ駆動」は，要求定義，意思決定，経営などにいわゆるビッグデータを活用して，従来できなかったユーザ特性の発見や合理的な意思決定を行うアプローチを指す。「データ駆動」は，新たな顧客やユーザ，あるいは新たな価値を創出する手段となる。企業の組織のデータを分析することにより，経営上の意思決定に役立てる手法であるビジネスインテリジェンス（BI：Business Intelligence）や業務の可視化や課題分析，業務設計を行う手法であるビジネスアナリティクス（BA：Business Analytics）は，仮説に基づきデータを収集し，検証するアプローチをとる。これに対し「データ駆動」は，データからユーザの行動モデルや機器の動作モデルなど推定し，これまで仮説として考えられなかったユーザの存在や行動，機器の動作を明らかにする。つながりによってユーザや顧客の行動などのデータ収集が可能となったことと，機械学習などの高度なデータ解析の進展が

あいまって「データ駆動」が実施可能となった。顧客行動などのデータは，価値の源泉となる重要な資源として近年注目されている。

　日本政府は，エビデンスに基づく政策立案（EBPM：Evidence Based Policy Making）［内閣府 2021］の推進を求めている。EBPM とは，「政策の企画立案をその場限りのエピソードに頼るのではなく，政策目的を明確化したうえで政策効果の測定に重要な関連を持つ情報やデータ（エビデンス）に基づくものとすること」と定義され，「データ駆動」の取り組みも EBPM の取り組みに含まれる。大学における「データ駆動」の取り組みとしては，ラーニング・アナリティクス（Learning Analytics）など学習データ分析がこれに該当する。ラーニング・アナリスティクスなど学習データ分析については，3 章で詳細に述べる。

　ビジネスモデルイノベーション（BMI：Business Model Innovation）［ビジネスモデルイノベーション協会　2022］とは，ビジネスモデルを設計し革新する技術を指す。「デザイン思考」がユーザを起点とする要求の獲得方法であるのみに対し，「BMI」は企業活動全体を俯瞰し，その構造変革を目的としている。

　教学マネジメントの3階層による学位プログラムレベルの学修成果の向上や教育の質の向上がデジタライゼーションに該当するのに対し，デジタライゼーションによって教育を提供するモデルそのものの変革は，「BMI」に該当する。「BMI」に位置付けられる大学教育の新しいモデルについては，6 章で詳細に述べる。

　DX 推進にむけた戦略立案や計画立案に取り組む大学が増えている。

　東北大学は，2018 年 11 月に「最先端の創造，大変革への挑戦」を掲げ，「東北大学ビジョン 2030」［東北大学 2021a］を策定した。2020 年 7 月には，コロナ危機に続くニューノーマルの時代を見据え，教育，研究，社会との共創など，東北大学の諸活動のオンライン化の強化に加え，サイバー空間とリアル空間の融合的活用を通して，ボーダレスで多様性に富み，真にインクルーシブな大学を目指し，「東北大学ビジョン」をアップデートした。特に教育・研究分野の DX として，DX 推進に向けて情報基盤を強化した［東北大学 2021b］。

　関西大学は,「関西大学DX推進構想」［関西大学2021］を策定した。関西大学の「関西大学DX推進構想」は,「学生の学修機会の制限・制約・バリアを軽減・除去する取り組み」,「学修成果の可視化への取り組み」,「DXの推進に対応したインフラ,環境整備への取り組み」,「学内業務の効率化への取り組み」から構成される。DXの推進体制については「DX推進会議(仮称)」を設置し,全体調整・進行管理を行いつつ,各部署においてDXの取り組みを進めていくとしている。

　香川大学は,2021年5月にDX推進戦略『デジタルONE戦略』［香川大学2021］を策定した。「デジタルONE戦略」は,「『リアル世界がデジタル世界に包含される(Online Merges with Offline)状況を香川大学で実現すること』で,教職員学生の協働によりデジタル化をこれまでにないレベルにあげ,教育,研究,運営の質的向上に加え,それぞれの業務の効率化を進める」ことを目指しており,「デジタルONEキャンパス」,「デジタルONEラボ」,「デジタルONEオフィス(事務局)」の実現を全学の基本方針として定めたものである。

　香川大学の「デジタルONE戦略」は,「デジタルONEキャンパス構想」,「デジタルONEラボ構想」,「デジタルONE事務局構想」から構成され,それぞれの構想に基づいた具体的なDX推進計画「教育DX推進計画」,「研究DX推進計画」,「業務DX推進計画」,「DX推進環境計画」を立案している。図2.6は,香川大学の「DX推進構想」と「DX推進計画」を示している。大学業務は教育,

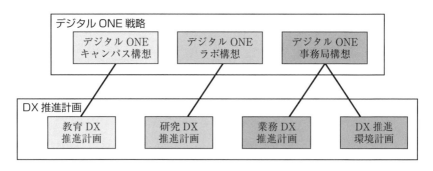

図2.6　香川大学「DX推進構想」と「DX推進計画」

研究，大学運営に多く分けることができ，DX についても，教育，研究，大学運営それぞれに分けて実施されるケースが多い。本書では特に教育の DX を扱う。

2.2　大学の DX を推進する体制整備とそれを推進する人材育成

　DX を推進するのに必要な体制の整備とそれを支える人材の育成については，OECD 諸国と比較して日本の体制整備が遅れていること，小中学校教育を対象とした多くの調査報告が指摘をしている［国立教育政策研究所 2019］。

　この状況が高等教育においても同様であることは，新型コロナウイルスの感染拡大によりデジタル化対応を迫られた高等教育現場の混乱が示している。DX 推進のための人材育成については，技術的な知識や技術を備えた人材の育成のみならず，DX 推進に伴う教育アセスメントや質の保証に関する方策の検討などに必要な知識を備えた人材も育成する必要である。

1．体制整備

　独立行政法人 情報処理推進機構が企業に実施した『デジタル・トランスフォーメーション推進人材の機能と役割のあり方に関する調査〜報告基本編』［情報処理推進機構 2018a］では，多くの企業が「ビジネス変革の必要性」を強く認識している一方，現在の主流は「業務効率化による生産性向上」であり，DX が求める「既存製品・サービスの高付加価値化」や「新規製品・サービスの創出」については，十分な成果があがっていないことが報告された。また回答した企業の約 4 割が DX 推進のための「DX 専門組織」を設けていることが報告され，特に DX の成果が高い水準で創出されている企業ほど，「DX 専門組織」を設置していることも報告された。

　情報処理推進機構が企業に実施した『デジタル・トランスフォーメーション推進人材の機能と役割のあり方に関する調査〜詳細編〜』［情報処理推進機構 2018b］では，「DX 推進組織」は IT 部門の拡張「IT 部門拡張型」と，事業部門の拡張

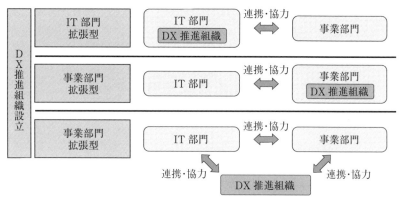

図2.7 DX推進組織

「事業部門拡張型」に大きく分類できることが報告された（図2.7）。

「IT部門拡張型」は，デジタル技術の積極的な活用が促される効果が期待できる。「事業部門拡張型」には，事業部門の中に「DX推進組織」が設置されるケースと，事業部門の外に「DX推進組織」が設置されるケースに分類される。事業部門の中に「DX推進組織」が設置されるケースでは，事業部門全体にDX推進の取り組みが広がる可能性がある。事業部門の外に「DX推進組織」を設置するケースでは，特定の事業や業務など，特にDXによる新しい製品開発やサービス開発などの取り組みが期待できる。

また，DX推進部門と事業部門の関係については，「主導型」と「伴奏型」に分類される。「主導型」は，「DX専門組織」が実現可能性を検証し，事業の道筋が見えるところまで実施後，いずれかの事業部門へ移管する形態を指す。「伴奏型」は，初期は「DX専門組織」が技術面で伴走し，少しずつ事業部門主導に移行する形態を指す（図2.8）。

愛媛大学は，2021年10月にDX専門組織であるDX推進室を設置するとともに，大学のDX推進に関する業務を統括する最高デジタル責任者であるCDOと，情報全般に関する専門的知見に基づいてCDOを補佐するCDO補佐を設けた［愛媛大学2021］。

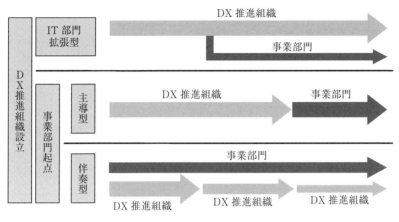

図 2.8　DX 推進のパターン

　愛媛大学 DX 推進室の室長は，DX 担当理事・副学長が務めるが，CDO 補佐を総合情報メディアセンター長が務め，室員にデータサイエンスセンター長を配置している。愛媛大学の DX 推進室は，「デジタル・トランスフォーメーション推進人材の機能と役割のあり方に関する調査〜詳細編〜」での「DX 推進組織」分類における「IT 部門拡張型」に該当する。

　香川大学情報メディアセンターは，2021 年 5 月に香川大学の DX の推進を目的に「DX 化推進部門」を設置し，「DX ラボ」と「DX プロジェクトチーム」も組織した［香川大学 2022］。「DX ラボ」は，情報技術を学ぶ香川大学の学生を中心に構成され，香川大学の DX 推進に資する業務システムの内製開発に取り組む。「DX プロジェクトチーム」は，2.1 節でも述べた「デザイン思考」に基づいて「DX 化推進部門」，「DX ラボ」と事業部門の「共創」により DX を推進するプロジェクトチームである。「DX プロジェクトチーム」では，「データ駆動」により DX を推進するために必要となるデータを収集するともに，「BMI」により大学の業務活動全体を俯瞰して，現在の業務を正しく把握する活動も行う。

　香川大学情報メディアセンターの「DX 化推進部門」は，「IT 部門拡張型」の「DX 推進組織」に該当するが，事業部門との共創による DX 推進の取り組みも実施ししている点で，「事業部門起点」にも分類される。このように DX 推進体

制の整備については，自組織が有する機能や自組織の抱える課題に基づいて整備されることが求められる。

　芝浦工業大学でもDX推進を担う部署が組織されており［芝浦工業大学2021］，教育イノベーション推進センターがそれを運営している。遠隔授業運営のツールや手法の検討・実施を担当する先進教育部門が2021年度に新設され，授業などから得られる学習データの蓄積，分析・活用や可視化をIR部門が担当することで，DXによるエビデンスベースの教学マネジメント強化を進めている。

　芝浦工業大学の教育イノベーション推進センターのDX推進の取り組みは，「事業部門拡張型」に該当する。

2．人材育成

　大学ICT推進協議会（AXIES）ICT利活用調査部会が2016年に実施した「高等教育機関におけるICTの利活用に関する調査研究」［大学ICT推進協議会2020］によれば，高等教育機関709校の70％以上が，全学的にICT利活用教育の運用のための技術支援を行う組織の問題点として，技術的支援のための人員の不足と回答した。

　また，システムやコンテンツを作成，維持する人員の不足，教職員のICT活用スキル不足，教職員へのICT活用の技術支援体制の不足を，ICT活用教育の阻害要因として80％以上の大学があげた。これらの問題は，高等教育DX推進のための人材育成が十分に行われていなかったことを示しており，新型コロナウイルス感染対策のために急遽進められた授業オンライン化への混乱の一因となっていたことがうかがえる。

　教育におけるDX化を推進する人材育成については，産業界のDX推進で指摘されている人材育成の課題と同様なことがいえる。情報処理推進機構によるDX白書2021［情報処理推進機構2021］は，2020年の調査結果をもとに「DX変革を推進する人材の確保」が重要であり，DX推進するリーダーに加えてデジタル技術を活用した業務改善やデジタル事業を作り出すといった変革を担う人材育成の必要性に言及している。

　また，継続的な人材の育成には，変革人材の育成や組織構成員のITリテラシー向上が課題で，IT部門以外の人材へのデジタル技術の浸透とITリテラシー向上への具体的な施策が必要であることを指摘している。DX白書の調査結果は，前述のAXIESの調査での問題点と同様であり，すなわち高等教育機関での課題といえる。DX白書が指摘する不足している人材のデータサイエンティストや，インターフェイスやユーザの体験をデザインするUI／UXデザイナーは，教育のDXにおいては教育の質保証を検証するアセスメントや教育機関のIR，教材コンテンツ開発を担う人材に当該する。

　社員のデジタルへの理解，ITリテラシーへの把握状況についても，米国企業の80％以上が把握しているという回答結果に比べて，日本企業は40％以下にとどまっている。これを教育機関でのDX推進に置き換えてみると，DXのためのSD（スタッフ・ディベロップメント）およびFD（ファカルティ・ディベロップメント）を担う専門人材が過度に不足していることを意味している。

　教育におけるDX推進を継続的に行っていくには，高等教育機関での専門人材育成がカギになると思われる。アメリカを始めとする世界の有力大学や工学系大学や工学部の多くには，工学教育を専攻する大学院も多い。大学世界ランキングが高いパデュー大学やマレーシア工科大学には工学教育の博士課程もあり，急速な技術変革に対応する工学教育DX推進の専門家を育成し，オンライン学修の実践的な方法や研究がなされている。

　それに対して，日本の工学系大学には工学教育を専門とする学部や学科はないのが現状であり，今後の工学系教育の在り方や将来的ビジョンに関する議論においても，高度化して行く工学教育DXを支える人材を工学教育の中で育成するという視点はまだ見当たらない。

2.3　オンライン授業，ブレンド型学習，ハイブリッド教室の方法とその特徴

　これまで，一般的に学校教育は，同一年齢の集団，あるいは能力別の集団に分

類し，教室において一斉に授業を行う対面型の授業スタイルが主であった。学習集団を均質化することで等級化を図る，あるいはまた生活集団を構築して規律指導を行う手段として，一斉授業方式は近代学校の特徴であった［森川2012］。

　我が国の大学においても，学校教育法に基づく省令である大学設置基準に，「授業は，講義，演習，実験，実習若しくは実技のいずれかにより又はこれらの併用により行うものとする」とあり（第25条第1項）［大学設2021a］，基本的には教室で対面にて授業を行うことを要請していて，教員と学生の双方向で対話できることを前提とした授業が求められている。

　しかし，遠隔地にいて大学に通いにくい，あるいは仕事などで勉強時間の融通がきかない学生のために，通信制の大学がある。通信制大学の場合は通学制の大学と違い，大学通信教育設置基準第3条第1項において印刷教材などによる授業，放送授業，メディアを利用して行う授業といった遠隔授業を行うことができる［大学通2021］。添削などによる指導を行うが，毎回の授業に教員と学生の間で質問や意見交換を行うなどの双方向性は厳密に求められない。

　このような通信制大学などで必要とされる遠隔講義手法の開発，またインターネットなどの情報通信技術（ICT）を活用した技術の発達により，いわゆるeラーニング，またはオンライン授業が急速に浸透してきた。

1．オンライン授業の開講形態

　オンライン授業は，開講形態が同時双方向（リアルタイム）型か，またはオンデマンド型か，に分けることができる［メディア2016］。図2.9が双方のイメージ図である。

　同時双方向（リアルタイム）型は，同期型ともいわれ，インターネット回線などを通して教員と学習者がリアルタイムでつながり，学習者は授業に関する質問など，意見交換がその場でできることが特徴である。一般的な教室での対面授業をオンラインで行っているのとさほど変わらないイメージである。

　対してオンデマンド型は，非同期型ともいわれ，学習者は教員が録画した授業コンテンツをいつでも学習者の都合の良い時に授業を受けることができる。これ

は, 授業時間と場所が決まっている対面授業とは異なる, オンラインの授業ならではの特徴である。

ただし, 通学制大学においては, オンデマンド形式の授業を行う際に注意が必要である。同時双方向型と同様に, 授業に関する質問など何らかの方法で意見交換の機会が確保されなければ, 授業を行っても単位としては認められない [大学設 2021b]。これはそもそも通学制大学は, 学生がキャンパスに来て学ぶことを前提とした学校であるからであり, 対面型の授業を中心として行う責任があるからである。

同時双方向型
教員と学習者, 学習者どうしが
意見交換をその場で行える

オンデマンド型
教員が録画した授業を学習者が
視聴する

図 2.9　オンライン授業の開講形態

2. オンライン授業の利点・欠点

オンライン授業は, 対面授業と比べてどのような点が違うのであろうか。学習者にとってのオンライン授業の利点・欠点について, 青木がまとめたものが表 2.1 [青木 2020] である。

表 2.1　学習者にとってのオンライン授業の利点・欠点

利点	欠点
学習場所の柔軟性	自律性が要求される
学習時間・ペースの柔軟性	孤独感を生じやすい
学習履歴の容易な把握	ICT リテラシーが必要

　オンライン授業の最大の利点は，学習者がどこにいても授業を受けることができることにある。海外の大学の授業であっても，現地に行くことなく受講することができるため，ボーダーレスな教育環境がオンラインによって実現された。また，オンデマンド型のオンライン授業であれば学習時間や学習ペースを学習者の都合の良い時間や，理解度に応じて随時変更することができる。例えば海外の大学の授業でも，時差を考えずに受講することも可能である。

　またオンライン授業は，通常は学習管理システム（Learning Management System：LMS）上で提供されるため，学習者の成績や課題提出状況，学習時間などさまざまな学習履歴がシステム上に保管される。それによって，学習者は自分の学習状況や理解度などを可視化できるようになり，学習行動の助けとなる。LMSは対面型の授業でも使用されるが，オンライン授業ではLMSの活用が原則的に授業の前提であるため，学習履歴を学習者は常にオンライン上でチェックすることができる。

　対してオンライン授業の欠点は，対面授業と違い，教室で半ば強制的に受講しなくてよいため，自分で計画的に受講するという自律性が求められることにある。また，一人で自宅などで受講すると，授業を受けるほかの学習者との交流がなかなか得られないために，学習コミュニティの形成ができずに孤独感を生じやすいことがあげられる。

　また，オンライン授業受講のためには一定のICTリテラシーを必要とするため，その点がオンライン授業学習のハードルとなる場合がある。

　オンライン授業を提供する側にも，同じように利点・欠点は存在する。学習者にとっての利点であったオンライン化による学習場所や時間の柔軟性は，教員をある一定時間に教室に配置しなくてすむため，教員の数を制限することができ，それによって教育に一定の質を保証することにもつながる。

　また，LMSの導入により，学習履歴が保管されるため，その履歴を分析することで学習者がこれから休・退学しそうかどうか，予測することもでき，対策を講じることもできる。反面，オンライン授業システムは数多くのICT技術に依存している。学習しやすいオンライン授業システムであればあるほど，多くのシ

ステムを用いて構築されるため，その導入にはコストがかかってしまう。オンライン授業の提供者側が経営面でのメリットを享受するには，初期投資がかかるといえる。

3．オンライン授業と対面授業の複合

　以上のように，オンライン授業にはオンライン授業ゆえの利点・欠点，対面授業には対面授業ゆえの利点・欠点がある。そこで，オンライン授業と対面授業を複合した授業も実践されている。これには2つの側面があり，1つの面としては，学習効果の向上を狙った教授法の改善である。

　オンライン授業の利点である，学習場所や時間の柔軟性を活かせることと，対面授業の利点である，教員やほかの学習者との対話のしやすさを両方ともに活かすことで学習者の学習効果を従来よりも向上させる狙いがある。また，別の側面として，オンラインのみの授業は通学制大学の場合，通信制大学と比べて制限があり，これを踏まえた対応という面もある。

　例えば，通学制大学の場合は卒業に必要な単位（124単位）の約半分（60単位）までがオンライン授業にて修得可能と，オンライン授業に対するハードルが現行の法制度上は厳しい。

　オンライン授業を可能にした各種ICT技術の進歩に，法制度が合わなくなってきており，今後見直しが進むとはいえ，現状ではオンラインのみの授業で修得した単位数を，対面授業で修得した単位数と区別して厳格に管理しなければならない。さらに自大学だけの単位管理だけであればまだいいが，特に，他大学での単位互換が増えるこれからの大学教育で履修形態が異なる授業の管理はかなり大変であるといえよう。

　今回のコロナ禍では，特例措置で卒業に必要な単位のすべてをオンライン授業で修得可能であったため，今まで述べてきた問題点はあまり考慮されていないが，コロナ禍後の授業形態はどうなるか。

　法制度の制約はあるにせよ，対面授業のみの授業形態に戻ることはなく，対面授業を中心とする授業であっても，オンライン授業の良さを活かし，オンライン

授業を取り込む形で，対面授業とオンライン授業を複合した授業が展開されていくと思われる。

　現在実践されている対面授業とオンライン授業を複合した2形態の授業と特徴を，図2.10と表2.2にまとめた。

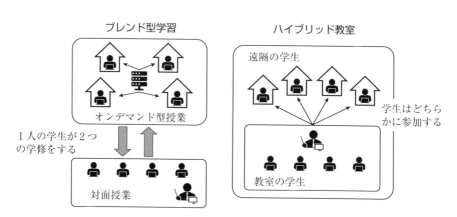

図2.10　対面授業とオンライン授業を複合した2形態の授業方法

　ブレンド型学習（Blended Learning）は，対面授業にオンライン授業を複合した学習の全般を指すが，特に有名なものに反転授業［森2017］がある。これは，事前にオンデマンド型のオンライン授業を行うことで授業知識の習得を図る。その後，対面授業ではその知識を活用した演習や課題を取り組ませて，知識の定着を図る。

　例えば，Problem-Based Learning（PBL）型の課題など，学生の主体的な取り組みを展開することで対面授業での教育効果を向上させる。反転授業では予習方法としてオンライン授業を用いることにその特徴がある。教科書やプリントなどでの言語的表象だけでなく，オンライン授業視聴により非言語的表象も組み合わせることで，学習効率は向上するからである［辻2008］。反転学習はオンライン授業を予習として対面授業にブレンドすることで，学修成果の向上をねらった好事例である。

表2.2　対面＋オンラインの複合教育の2形態

	ブレンド型学習	ハイブリッド教室
目的	学修成果の向上	対面での参加が困難な学生への機会提供
方式	知識習得をオンデマンド授業で行い，知識の活用やディスカションを対面で行う	対面の学生とオンラインの学生が同時に共通の授業を受ける
学生の参加	一人の学生が，オンデマンド授業と対面での授業等，両方（複数）の方法で学習する	一人の学生は，対面教室かオンライン教室のどちらか一方の方法で参加する
特徴	・自分の習熟度に合わせて学習できるという利点と，学習意欲の維持や学生間のコミュニケーションを図る対面の良い面を組み合わせる ・VR，ARなども活用し新しい学習体験を得る	・海外の学生や社会人など対面教室に来ることが困難な学生に学習機会を保証する ・感染防止対策により教室の定員を制限する際でも，学生の学習機会を保証する
教員の役割と課題	・オンデマンドのコンテンツの作成または選択（教員間の協働，大学間の協働での作成が期待される） ・対面授業でのファシリテーション	対面の学生とオンラインの学生の両方に対して，適切な教材の準備と提供。授業中に両方の学生への気配り，目配りが望まれる（教員の負担は大きい）

　一方，ハイブリッド教室（Hybrid Classroom）は，ハイフレックス（HyFlex：Hybrid-Flexible）とも呼ばれ，対面授業とオンライン授業を複合した教室の形態である。学生は対面形式またはオンライン形式のどちらかの授業に出席する。これにより，対面形式での教室参加が困難な場合に学習の機会を提供する。社会人学生や，海外に在住している学生に対して有効な形態といえる。

　実際の授業では，その授業の目的によってブレンド型学習とハイブリッド教室を使い分けたり，これらを組み合わせたりすることがある。

　図2.11に今後の大学における授業形態について，その概要をまとめた［井上2021a］。左端がオンデマンド型授業，中央が同時双方向のオンライン授業，右端が対面授業である。

　オンデマンド型のオンライン授業と対面授業をブレンドした反転授業や，危険な実験，大掛かりな実験をオンライン上で仮想実験を行うことで対面での実験を補足する実験授業，対面形式かオンライン形式のどちらかの授業に出席できるハイブリッド教室，それに反転授業を組み合わせたハイブリッド教室などが考えられる。

　さらに学生の教育効果を狙った授業か，遠隔地にいる学生の利便性のための授業かで，これからのオンライン授業は，オンライン授業か対面授業かの二者択一ではなく，オンライン授業と対面授業が複合した授業が展開されていくと思われる。

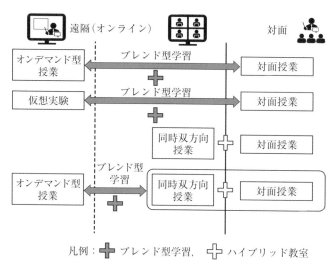

図2.11　今後の授業形態：ブレンド型学習とハイブリッド教室

2.4　ブレンド型教育の成熟度と教学のマネジメント

　対面とオンラインの授業の複合に関しては，教学マネジメントの視点で，

① 科目内での最適な複合と継続的改善

② 学位プログラム内での最適な複合と継続的改善

　③　教育機関としての方針や人員や設備の計画と改善
の3階層のマネジメントが必要になる。

　これに関連して，UNESCOから2件の報告が「Blended 2016」と「Blended 2019」，EUからはブレンド型教育の成熟度モデル「EUROPEAN 2020」が発表されている。①，②は，ブレンド型教育の高等教育機関における枠組みと自己評価ツール，そして9例のケーススタディについて述べている。③は，ブレンド型教育を行う教育機関の全体的な枠組みと，実施に沿った成熟度の判断基準が述べられている。ここでは後者のヨーロッパのブレンド型教育の成熟度モデル（European Maturity Model for Blended Education：EMBED）を紹介する。

　EUのErasmus ＋のプロジェクトでブレンド型教育の成熟度モデルの検討が2017年に開始され，2020年5月に報告書が発行されている［EUROPEAN 2020］。

　このモデルの目的は，ブレンド型学習の実践，条件，戦略，およびポリシーを体系的にマッピングし，最終的には最適化または変更の対象となる進路を特定することである。EUの報告書では，対面とオンラインを複合したすべての形態をまとめてブレンド型教育と呼んでいる。ここではブレンド型教育を「科目レベル」，「学位プログラムレベル」，「高等教育機関レベル」の3階層でモデル化している。

　「科目レベル」や「学位プログラムレベル」に関しては，「対面とオンラインのブレンド」や「学生から見た選択の柔軟性」，「学生の自主的な学習の促進」，「多様な学生への学習機会の保証」などの視点が指標化されている。また，「高等教育機関レベル」では，「大学としてのブレンド型教育に対するビジョン，目標の明確化」，「ベストプラクティスの共有」，「継続的体系的な研修機会や専門スタッフの尊重」，「ガバナンス」，「体系的な財務支援」，「設備環境の整備」などの指標が体系化され，すべての評価項目に対して成熟度の指標としてルーブリックが設定されている。

　ルーブリックは，3レベルから構成されており，レベル1（十分検討がされていない），レベル2（体系的に設計されている），レベル3（データに基づき継続的に改善されている）である。

　なお，実施については，ミクロ，メソ，マクロの3つのレベルがある。ミクロ

レベルは，科目の担当教員が対応する。メソレベルでは，意思決定のためのさまざまな主要なアクター，チーム，または組織が意思決定プロセスで役割を果たす。プログラムコーディネーター，部門長，学部長，教育および学習センターの長などが関与する。マクロについては，報告書では述べられていない。

1．科目レベルの成熟度

　科目レベルでの成熟度の構成は，図2.12のように，授業設計プロセス（ブレンド型学習（BL）のアクティビティの選択とその順番，ブレンド型学習ツールの選択），柔軟性，相互作用，科目での経験（学生の学習，学習の負荷，包摂性）からなる。授業設計のプロセスには，ブレンド型学習の順番と，ブレンド型学習手段の選択が含まれる。

　ブレンド型学習の順番に関しては，対面とオンラインを意図的に選択，統合，順序付けること，さらに継続的な改善を行うことが重要である。ブレンド型学習手段の選択では，経験や根拠に基づき手段を選択し，定量的，定性的データにより改善を行うことが望まれている。

　授業の柔軟性は，学生の学習活動の選択自由度を示しており，これをエビデンスに基づき継続的に改善することが望まれている。授業でのやりとりとは，学習

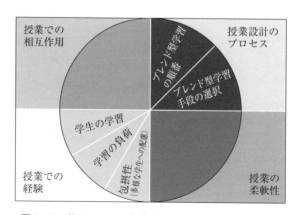

図2.12　科目レベルの成熟度の構成［EUROREAN 2020］

者とコンテンツ，学習者間，学習者と教育者のインターラクションが意図的に設計され，継続的に評価改善されていることが必要である。

　授業での経験は，学生の学習と学習の負荷，包摂性から構成されている。学生の学習とは，学生の自主的な学生を促進する機能と，エビデンスに基づいてこれを改善することを指している。学習の負荷に関しては，意図した学習負荷と実績の一致が望まれる。包摂性に関しては，多様なすべての学生が学習にアクセスできる配慮とその継続的改善を指している。

表2.3　対面とオンラインの意図的な選択と統合の理論的根拠

レベル1 調査	レベル2 設計ベース	レベル3 コースサイクル
対面とオンラインの選択と統合は考慮されていない。	学習活動（対面およびオンラインの両方）は，設計方法または設計原則に基づいて，意図的に選択され，統合され，順序付けられている。	学習活動（対面およびオンラインの両方）は，設計方法または設計原則に基づいて，意図的に選択され，統合され，順序付けられている。 　コースを反復的に継続的に改善するために，品質保証プロセスが意図的に組み込まれている。

　授業設計のプロセスにおけるブレンド型学習のアクティビティの選択とその順序付けのレベル付けを表2.3に示す。これが対面およびオンラインの意図的な選択と統合の理論の根拠になる。なお，ほかのレベルの中でも項目ごとにレベル付けが示されている。

2．学位プログラムレベルの成熟度

　学位プログラムレベルは，教育プログラムまたはカリキュラムに対応する。担当者は，教員，教育関係者（Teachers/Educators）と学生だが，科目設計者（Instructional Designers），学習開発者（Learning Developers），コンテンツ開発者および管理者も含まれる。成熟度の構成は図2.13のように，学位プログラム設計のプロセス（プログラムの一貫性，ブレンド型学習ツールの調整と一貫

性），プログラムの柔軟性，プログラムでの経験（学生の学習，学習の負荷，包摂性）からなる。

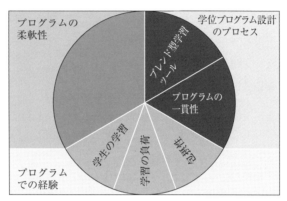

図2.13　学位プログラムレベルの成熟度の構成［EUROREAN 2020］

　学位プログラムの設計プロセスでは，ブレンド型学習のプログラムの計画，設計，開発，評価を行う。プログラムの一貫性のために，ブレンド型プログラムの垂直方向（各科目とプログラムの関係）と水平方向の配置（科目間）を，共有ビジョン，および設計方法または原則に基づいて慎重に検討して，プログラムを反復的に強化するために，継続的な品質改善が実施される。また，使用されるツールの調整と一貫性は，科目の学習活動に基づいており，プログラムの教育者によって調整され，証拠または経験によって示される。このプロセスは，定量的および定性的なデータに基づいて監視，評価，および変更される。

　プログラムの柔軟性は，学習者がブレンド型学習プログラムの特定の機能を適応させる機会を提供する。科目の選択，配信モード（ブレンド型，オンライン，対面），業務の負荷（フルタイム，パートタイム），ペース（教育機関のペースで，自分自身のペースで），プログラムの進捗状況の把握などの機能，そしてほかの機関の科目を用いる可能性も含まれる。

　プログラムでの経験には，プログラムが学生の学習を強化し，学習の妨げとなる障害を排除する度合いが含まれる。学生の学習については，ブレンド型プログ

ラム全体を通じて，学習の自己調整に関して，学生は指導またはサポートされる。学位プログラムのブレンドされた内容は，学生と教育スタッフのすべてのプロセスに含まれている。これらのプロセスは，定量的および定性的なデータに基づいて監視，評価，および調整される。

　学習の負荷については，プログラムの意図された学習負荷と達成された学習負荷が一致（科目間のばらつきと正確さ）するように，各科目の学習負荷（期限を含む）は，整合を取られ，監視され，評価され，加減される。

　包摂性については，学生自身に価値があり，安全で，帰属意識があり，学生がブレンド型学習のプログラムのオンライン環境と対面環境に，平等にアクセスできるプログラムを作成するために，学生の多様なニーズと背景を考慮する。その実現は，証拠または経験に基づき，プログラムへの包摂性を向上させるために，継続的な品質改善が意図的に組み込まれている。

3．高等教育機関レベルの成熟度

　高等教育機関レベルの成熟度とは，ブレンド型教育・学習が行われる組織・環境の成熟度を示す。この成熟度はその機関のブレンド型教育に対するポリシーと支援によって決まる。機関レベルでは，さまざまな主要な関係者，チーム，または組織が意思決定プロセスで役割を果たす。特に，プログラムコーディネーターと教育および学習センターの責任者が関与する。その構成は，組織的な支援，教育機関の戦略，共有とオープンさ，専門的能力の開発，質の保証，ガバナンス，財務，設備からなる。

　教育機関から教員と学生に対しブレンド型学習のアクティビティを支援する方法が提供される。ブレンド型の学習と指導の支援を，すべての教員，学生，部門が利用できる。改善するために，継続的な品質改善が意図的に組み込まれている。

　教育機関の戦略は，ブレンド型の学習，指導および教育（Blended Learning, Teaching and Education）が教育機関のビジョン，教育モデル，目標にどの程度組み込まれているかで判断できる。戦略は教育機関全体（学部および学科全体）に組み込まれ，十分に文書化され，定期的に評価および調整される。教育機

関の管理者と学部は，ブレンド型の学習，指導，教育の重要性を認識し，提唱する。

　共有とオープンさは，教育機関が，ブレンド型の実践，教材，および科目（Blended Practices, Materials and Courses）を共有するためのコミュニティを促進する程度で判断できる。ベストプラクティスを共有するコミュニティが設立されている。グッドプラクティスや教材を共有するプロセスやプラットフォームが存在している。共有される教材の品質を保証するプロセスが決められている。

　専門的能力の開発は，教育スタッフがブレンド型教育のスキルを伸展できる度合いで判断できる。すべての教育スタッフは，ブレンド型学習と指導のトレーニングを受けているのか，教育機関は，ワークショップやコース（ブレンド型の学習と指導に関連する）のポートフォリオを充実させて提供しているのか，教育スタッフの継続的な専門能力を開発しているのか，教育スタッフのブレンド型の指導活動が教育機関によって認識され，評価されているのかなどが対応する。

　品質保証は，ブレンド型の科目とプログラム，戦略，規則，規制が定期的に評価および改訂されるプロセスにより達成される。教育機関の標準的な品質保証プロセスの一部であり，評価と改善は，明確な基準と複数のデータソースに基づく。教育機関には，独自の科目，プログラム，教育を研究するための研究課題がある。

　ガバナンスは，ビジョンとポリシーがブレンド型教育を促進するルール，規制，行動へ変換される方法で判断される。関連するポリシー，ルール，規制，アクションプラン，ガイドライン（法律，倫理，プライバシー，データなど）は，教育機関の標準的なガバナンス構造に組み込まれている。機関のガバナンスは体系的に見直され，調整される。組織内のさまざまなレベルの主要な関係者には，新規および既存のポリシー，ルール，規制，およびアクションプランのレビュー，調整，および開発のプロセスに関与して，ブレンド型の科目とプログラムの開発のための標準化されたモデルが提供される。

　財務は，ブレンド型学習を開発，サポート，刺激するために財源が割当てられる範囲で判断される。ブレンド型の学習，指導および教育を開発，サポート，刺激，改善するための財源が構造的に割り当てられる。リソースの割り当ては，明

確な基準と定性的および定量的データに基づいて，体系的に評価／調整される。

　設備は，ブレンド型の学習と指導（Blended Learning and Teaching）を促進するために教育機関が備えている度合いに対応している。デジタル（例：デジタル学習環境，教育ツール）とモノ（例：さまざまな教室のセットアップ，ビデオレコーディングスタジオの可用性）の両方の設備が含まれる多様なものがある。設備の開発は，制度的戦略と一致しており，設備の質，量，品揃えは，明確な基準と複数のデータソースに基づいて体系的に評価および調整される。

図 2.14　高等教育機関レベルの成熟度の構成［EUROREAN 2020］

2.5　グローバル PBL とオンライン国際協働学習（COIL）

　イノベーション創出や持続可能な開発目標（SDGs）などの社会課題の解決のための人材育成が望まれている。分野を横断した課題解決や新たな価値の創出には，異なる専門分野や文化など多様なバックグランドをもった人材が協働することが必要である。

　問題発見や課題解決の実習を含む教育活動は，これからの人材育成にとって不可欠であり，大学の学部，大学院の各段階で実施することが望まれる。グローバ

ルPBL（Global Project Based Learning：国際プロジェクト型学習）は，そのような目的のため，世界各国の多様な学生が協働して，各国の地域や企業などと連携して実施する教育活動として実施されている。

1. 渡航を伴うグローバルPBL

グローバルPBLでは，言葉や文化の異なる学生が協働で問題発見や課題解決を行う。PBLの終了時には学生のチームは，プロトタイプなどの成果物や口頭や文書を用いて発表を行う（図2.15）。グローバルPBLは，分野単位型と分野横断型に分類される。分野単位型のPBLでは機械工学や情報工学等の同一専門分野の学生が集まり，専門的知識やスキルを活用して専門的な問題解決や設計を行う。

これに対して，分野横断型のPBLは，多様な専門分野の学生が参加し，持続可能な開発目標（SDGs）などの社会課題の解決やイノベーション創出のため問題発見から開始し，課題設定，解決策の提案，プロトタイピングの制作を実施する［井上 2016，井上 2019］。分野横断型のPBLのテーマは，環境，自然災害，交通，エネルギー，教育や自治体や企業の実課題など広範囲におよんでいる。

アジアや欧州など海外で実施するグローバルPBLでは，日本から学生と教員が海外の協定校に出向き，日本人学生と現地協定校の大学の学生が10日間程度の集中的な活動を実施する。一方で，日本でグローバルPBLを実施する際は，世界各国から学生を日本に招き，多数の国の学生によるPBLとして実施している場合が多い。大規模なグローバルPBLでは，世界10カ国以上の学生が一堂に会して，6名程度の人数の多国籍チームを複数編成し，それぞれが異なる課題でのプロジェクトを行う。

2. コロナ禍でのグローバルPBLのオンライン化

2019年度末から新型コロナウイルスの感染が拡大したことで，国をまたがって渡航し，対面で実施するグローバルPBLの実施が困難になった。各大学はこのような状況下でも国際連携の教育活動を継続できるように，プログラムのオン

(a) チーム活動 　　　　　　　　　(b) プレゼンテーション

図 2.15 対面でのグローバル PBL の活動

ライン化を進めた［大江 2020，上田 2021，Ueda 2021，Boonjubut 2021］。

　コロナ禍でのグローバル PBL のオンライン化の状況を把握し，オンラインでの PBL と対面での PBL の学習経験や学修成果の差異を分析し，コロナ後のグローバル PBL の方向付けを行うことが必要である。公益社団法人日本工学教育協会と芝浦工業大学との共同で，オンラインでグローバル PBL を実施している大学と高等専門学校の教員に対し，2021 年 8〜9 月にアンケート調査を実施した［井上 2021，井上 2022b］。本調査は，コロナ禍において国際協働学習を実施する理工系分野での取り組みを調査することで，コロナ禍においても国際連携を維持すること，さらにコロナ後に対面の PBL とオンラインの PBL の両方を活用して国際協働学習を促進することを目的としている。

　この調査の結果から，コロナ禍でのグローバル PBL の状況について分析した。オンラインでのアンケートに対し，主に理工系の学部，学科から 33 件の回答を得た。回答があった 33 件のうち 20 件は，これまで渡航を伴う対面でグローバル PBL を行っていたが，コロナ禍をきっかけにオンラインでの PBL に移行している。またコロナ禍をきっかけに新規にオンライン PBL を開始したものも 5 件ある。一方で以前からオンラインで PBL を実施していた例は 2 件と少ない。以上からは，コロナ禍がオンラインでのグローバル PBL を開始するきっかけになったことがわかる。

　オンライン化に伴い，グローバル PBL の実施期間に変化がある。これまで渡

航を伴うグローバルPBLでは，2週間以下の短期集中プログラムに限定されていたが，数か月にわたるプログラムも実施されるようになった。アンケートに回答があった30件中の19件は，2週間以内と従来の渡航を伴う対面でのPBLと同様であるが，5件がクオーター（2〜3か月），4件がセメスター（5〜6か月）の従来よりも長い期間のプログラムとして実施されるようになった。この場合，学生達は毎週決まった時間に各国からオンラインで集まり，PBLを継続的に実施する。これは，オンラインでのグローバルPBLにより，はじめて可能になった形態である。

　一方で，オンラインでのグローバルPBLには時差が課題になる。欧州と実施するPBLの場合は時差が7時間程度あり，各国の学生の協働活動を制約する課題となる。この時差への対応として，回答があった33件のうち19件のPBLでは各国の学生がリアルタイムで協働する数時間のコアタイムを設けて対応している。コアタイムではアジアと欧州の学生が同時双方向で協働学習を実施し，それ以外の時間帯は，各国単位やアジア域内または欧州域内で学生が協働学習を行う。

　また，録画やチャットを用いて非同期で連携を行っているPBLも11件ある。その一方で，過半数のPBLは，時差が2〜3時間以内のアジアの大学との連携で実施しており，時差の影響がないとの回答が15件ある。オンラインでのグローバルPBLの実施時刻や形態に関しては，アジアやオセアニアなど時差が少ない各国間で実施する場合と，時差が大きな欧州や米州の各国と実施する場合では異なる対応が必要である。

　オンラインのPBLで用いている情報システムは多様である。Web会議システムやチャットを用いているPBLが過半数であるが，3次元や2次元の仮想空間（メタバース：Metaverse）を用いている事例もある［井上 2022b］。

　図2.16に示した3次元の仮想空間では学生や教員がアバター（分身となるキャラクター）となり，キャンパスやホールを模擬した空間を使って，各国の学生同士がアイスブレーキングを行ったり，ポスターなどの掲示物をホールに貼り，ディスカションを行ったりすることができる。

　図2.17に示した2次元の仮想空間では，学生は円型に顔写真やキャラクター

が付いた簡易なアバターとなって参加する。フロアの中で Group 4，5，7 の名
称のグループごとに学生が集まりディスカションしている様子が見える。円形の
学生は，それぞれタイ，マレーシア，インドネシア，日本，スペイン，ポルトガ
ルなどの遠隔から参加している。教員は仮想空間上で各グループを巡回しグルー
プに近づくと学生のディスカションや共有している画面を確認して状況を把握し，
質問に答えるなどが可能である。

図 2.16 3次元の仮想空間（メタバース）を利用したオンライン PBL

図 2.17 2次元の仮想空間（メタバース）を利用したオンライン PBL

図2.18　シミュレーション環境でロボットを動かす

　また，コロナ禍においては学生が一堂に会してプロトタイプや作品の協働制作を行うことが困難であることから，理工系のPBLではクラウド上のオンラインの開発環境やシミュレーション実験システムを使っての活動が実施されている。

　図2.18は，シミュレーション環境でロボット（マルチコプター）を動かして競技している［大江 2020］。

　アンケートでは，新型コロナウイルス感染が終息後の実施方法も聞いた。これに対しては，33件中の12件が「対面に変更する」，12件が「対面とオンラインを併用する」であり，「オンラインのみで継続する」は，わずか6件である。渡航を伴い対面で実施するグローバルPBLの重要性が認識されている。

3．今後のグローバルPBL「ブレンド型の国際連携学習」

　コロナ禍においても，国際交流を継続する手段としてオンラインのグローバルPBLは重要である。一方で，課題も多い。オンラインでは初めて会う世界各国の学生が深い絆を築くのが難しい。海外に渡航しそこで異文化に触れ，各国の学生と同じ空間で学び，感動を共有し，食事をともにすることは貴重な経験である。渡航を伴わないグローバルPBLではそれは望めない。いつでもどこでも参加でき渡航の費用負担も少ないオンラインでのPBLや留学と，現地での異文化体験と長く続く関係を築ける渡航を伴う対面でのPBLや留学は，相互補完関係にある。我々は，今後の国際交流の方向をコロナ禍に体験しているといえる。

　コロナ禍後を見据えた今後のグローバル PBL として，「渡航を伴うグローバル PBL」と「オンラインのグローバル PBL」と「オンデマンド授業の国際共有」の 3 つの学習形態を組み合わせるブレンド型の国際連携学習について述べる［井上 2021，井上 2022b］。

　第 1 の渡航を伴うグローバル PBL では，異文化の体験，深いつながり，感動の共有，手や足を動かして現地での問題発見と制作が可能である。一方で，渡航，滞在などの費用が必要であり，自由な渡航が可能になった場合でも遠隔の南米やアフリカの各国と交流できる人数は限定されるだろう。

　第 2 のオンラインのグローバル PBL は，オンライン国際協働学習（COIL：Collaborative Online International Learning）と呼ばれている国際交流の 1 つの形態でもある［SUNY，関西大学，池田 2020］。少ない費用で継続的な国際連携が可能であり，国際協働チームでの制作や設計なども継続した取り組みとして実施可能である。また，コロナ禍後に渡航を伴う留学が可能になった場合でも対面の交流が限られている南米やアフリカの各国との交流手段として有用である。

　さらに，オンラインの国際協働学習と渡航を伴う短期留学を組み合わせ，直接会って活動をともにする機会を持つことで，対面とオンラインの両方のメリットを活かす国際協働学習を行うことができる。

　第 3 の形態のオンデマンド授業は，知識の獲得に有効である。オンデマンド授業は時差の制約がなく，多言語化，自動翻訳などが比較的容易に導入でき，授業の国際的な共有を行いやすい。第 1 の渡航を伴うグローバル PBL や第 2 のオンライングローバル PBL に参加する多様なバックグランドを持つ学生の事前学習として知識のレベル合わせにも有効である。

　渡航を伴うグローバル PBL とオンライングローバル PBL，オンデマンド授業を組み合わせるブレンド型の国際連携学習（図 2.19）を行うことで，より多くの学生がより多くの機会を得て，より多くの国々との深くかつ継続的な国際交流に参加することが可能になる。

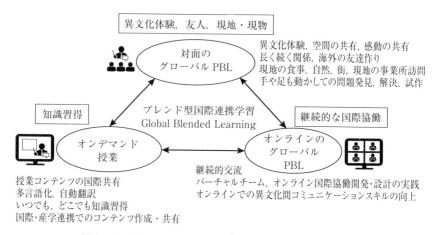

図 2.19　ブレンド型の国際連携学習［井上 2021，井上 2022b］

2.6　ミネルバ大学による高等教育の再創造と DX

　ハーバード大学をはじめとする米国のエリート大学が「夢みた」教育を実現した大学がある。2014 年創立のミネルバ大学（Minerva University）である。巨額の基金も，テニュアを持つ教授団も，キャンパスすらもたないミネルバ大学は，高等教育のあり方を根本的に変革（Transform），いや，まったく新しく再構築した。工学教育の DX を検討するうえで，ミネルバ大学が実現した革命は多くの示唆を与えてくれる。

　本節では，特に，同大学の教育理念，形態，カリキュラム，テクノロジーを駆使した教育方法に注目して，概要を述べる。

1．ミネルバ大学とは

　ミネルバ大学は，2014 年 9 月に，一人の起業家ベン・ネルソン（Ben Nelson）によって創立された全寮制の私立総合大学である。創立当初は，認証（Accreditation）を受ける必要があったため，米国カリフォルニア州にある

Kech Graduate Institute（クレアモント大学連盟）の一部として教育活動を始め
たが，2021 年 6 月には独立した教育機関として The Western Association of
Schools and Colleges/Senior College and University Commission（WSCUC）か
ら認定を受けることになった。

　2022 年 3 月現在，5 つの学部教育課程（Social Sciences, Arts and Humanities,
Natural Sciences, Computational Sciences, Business）と一つの修士課程
（Master of Science in Decision Analysis）をもち，学部学生の数は，約 1000 名
程度である。以下，同大学の特徴の一部を列記する [Minerva, 山本 2018]。

- キャンパスをもたない（本部はカリフォルニア州にある）。
- 学部学生は，4 年間の間に世界の 7 つの都市で寮生活をする（2022 年現在，
  サンフランシスコ，ソウル，ハイデラバード，ベルリン，ブエノスアイレス，
  ロンドン，台北）。
- それぞれの都市で，学生は同じ宿舎で寮生活をするが，講義はすべてオンラ
  インで行われる。
- アクティブラーニング（Active Learning）が徹底していて，教員は講義も
  試験もしない。
- すべての授業は少人数（18 名以下）で行われ，高学年では，チュートリア
  ルとなる。
- 各都市で現地の企業や地域コミュニティと協働してプロジェクトを行う。
- 学生の 78％が，米国外からである。
- 学費は，米国の私立大学の 3 分の 1 程度である。
- 企業（Minerva Project 社）によって運営されている。

2．ミネルバ大学の挑戦と理念

　ミネルバ大学は，現在の米国の高等教育が抱える問題を解決し，21 世紀に本
当に必要な大学を再創造（Recreation）するために設立された。創設者であるネ
ルソンが，第 1 に注目したのは，米国の大学の高騰する学費である。トップと考
えられていた大学においても，年間 400 万円以上する学費に見合う教育が行われ

ているのかということが問題視されていた。

　また，その教育の目的・内容・方法も，実社会から乖離し，特に産業界から卒業生達が持つ能力に対しての批判があった。加えて，実証的な研究の成果を基に，アクティブラーニングの有効性が示されていたにも関わらず，知識伝達型の教育が行われていた。

　さらに，ハーバード大学などでも学部学生の留学生比率は低く，家庭環境を含めて学生の多様性に乏しい。グルーバル化がますます進み，変化していく社会をより良い方向に導く人材の育成を，このような組織に委ねることはできないと考えたネルソンらは，既存の大学を変革するのではなく，本来の高等教育機関のあるべき姿と新しいビジネスモデルにより，ミネルバ大学を作り上げた[山本 2018]。

　ミネルバ大学が掲げる理念は，"Nurturing Critical Wisdom for the Sake of the World"であり，この理念を実現するために，「型破りであれ（Being Unconventional）」をはじめとする7つの原則を定めている[Kosslyn 2018]。

　ある分野の専門家ではなく，複雑化し常に変化する社会の課題の解決に貢献できる「実践的知（Practical Wisdom）」とリーダーシップを持つ人材の育成を教育目的とするため，ミネルバ大学では，批判的なライフスキル，専門的能力，人格形成だけでなく，学問分野を超えて通用する思考方法と重要な概念を，国際的かつ実践的に学ぶことができるよう，画期的なカリキュラムが導入されている。

3．実践的知の育成を可能にするカリキュラム

　教育学・心理学・脳神経科学などの最新の知見に基づき，実践的知を構成する要素が，1)クリティカルに考える（Thinking Critically），2)創造的に考える（Thinking Creatively），3)効果的にコミュニケーションする（Communicating Effectively），4)他者と協働する（Working Effectively with Others），という4つの思考習慣（Habits of Mind）および基本概念（Fundamental Concepts）として明確に定義されている。

　これらの能力を修得するための4つの基礎科目群（Cornerstone Courses）を，学生は専門に関わらず1年次に履修する。2年次以降は，専門科目，キャプスト

ーンプロジェクト，チュートリアルなどを履修することになるが，すべての科目において，これらの能力・概念の修得の度合いが評価される [Kosslyn 2018]。

表2.4　ミネルバ大学のカリキュラム概要（[山本2018]図表09を基に作成）

第1学年	第2学年		第3学年		第4学年	
Foundation	Direction		Focus		Synthesis	
学び方を学ぶ	自分の軸を探る		実社会への応用／実証実験を学ぶ			
全員同じ科目群	キャップストーン					
学際的内容の4基礎科目（必修）を通じて，思考習慣・基礎概念を修得	それぞれの専門分野（5領域）の科目群（2領域まで選択可）		専門分野の必修科目選択科目		チュートリアル選択科目	
サンフランシスコ	ソウル	ハイデラバード	ベルリン	ブエノスアイレス	ロンドン	台北

4．完全なアクティブラーニングとそれを可能にするテクノロジーForum

　ミネルバ大学では，科目の設計・開発（複数の教員により実施）から，実際の授業，評価までを効率的かつ有効に実施できる Forum と呼ばれるシステムを独自に開発してきた。すべての講義科目は，この学習管理システム（LMS）を使って実施される [Kosslyn 2018]。

　教員は，自らが研究などを行う場所にいながら，オンラインで教育を行う。基本的に「反転授業」の方式が採用されており，学生は事前に与えられた資料や他大学が提供する MOOCs 科目（MOOCs に関しては4.1節で詳述する）の分析・理解などの課題をすませなければ，授業に参加できない。

　授業では，教員の発言時間は制限され，学生間の討議やグループワークが行われる。したがって，一般の講義などで見られるようなフリーライドは不可能で，授業中は常に学びに集中しなければならない。オンラインで個別に質問を受けるオフィスアワーも設定されている。

　授業の様子は，討議やグループワークなどを含めすべて記録されていて，個々の学生の発言内容や質の確認だけでなく，発言時間など量的な情報の集計も容易

にできる。教員は，科目の内容や教育目標の達成度だけでなく，ルーブリックを使って，1年次に学んだ思考習慣や基礎概念についても評価を行う。学生の学びに関するデータが記録・分析・共有され，データに基づく教育を実現するためにForum をはじめとするテクノロジーが活用されている［Kosslyn 2018］［ネルソン 2021］。

　加えて，滞在する各都市で企業や NPO などと協働でプロジェクトを企画・実施するだけではなく，3・4年次には，社会的問題の解決を目指したキャップストーンプロジェクトを行う。また，4年次には担当教員と自らの学びの成果とさらなる学びの方向を確認するチュートリアルによる指導を受ける。

5．ミネルバ大学の衝撃

　ミネルバ大学が世界の高等教育に与えた影響を評価することはまだ難しい。しかし，わずか7年で独立した教育機関として認定を受け，毎年2万人以上の優秀な学生が世界中から入学を希望する。在学生のクリティカルシンキングに関するテスト結果では全米トップで，卒業生の能力がきわめて高く，さまざまな企業や組織から引く手あまたである［山本 2019］。

　この現実を，我々はどのように受け止めるべきなのであろうか。単に DX だけでなく，工学教育の本質的な変革（Transformation）を目指すべき時代を迎えている。

2.7　オープン大学

1．オープン大学の歴史

　イギリスのオープン大学（The Open University）は，世界的に有名な通信制大学のひとつとして今日知られている。オープン大学の設立は 1963 年，イギリス労働党の当時の党首，ハロルド・ウィルソンが通信制大学設立の構想を表明したことに端を発する［Open 2021a］。ハロルドは，低所得者の高等教育の学習機会を増やし，キャリアアップを狙った。その後 1969 年に，通信制の公立大学とし

て通学制大学よりも安価であるオープン大学が開学した。

　当初は印刷教材とラジオ，テレビを通じた遠隔講義方式が主体であったが，やがては DVD，CD を用いた教材提供，そして 2000 年代からインターネットの普及とともに，現在ではオンライン型が主体となっている。2003 年にはテレビ教材を作成していたスタジオを閉鎖，2006 年にはテレビ放送を終了している。同年にはオープン大学版の MOOCs である Open Learn を開始した。

　オープン大学のミッションは，「すべての人，場所，方法やアイデアに対してオープンである」というものである。オープン大学ではほとんどの学士課程入学時に，特段の入学要件を必要としていない。これは卒業時の質を保証することが質保証上重要であるという信念に起因している。これにより，「すべての人に対する機会均等を保証し，また綿密なモニタリング解析により，ミッションが実現しているかどうかを検証している」としている。また，オープン大学は現在インターネットさえあれば，世界中のどこにいてもオープン大学の教材にアクセス可能である。

　オープン大学の 2019／20 年度の総学生数は約 18 万人であり，イギリス国内の在籍学生数は約 13 万人である［Open 2021b］。5 万人程度の学生はイギリス国外で直接在籍する学生，もしくはイギリスや国外での協定大学等で，オープン大学が学位認定したプログラムに在籍する学生であり，オンライン学習の利点である，どこでも学習ができる環境により，全世界から多様で多数の学生を受け入れていることがわかる。155 人がオープン大学で博士号の授与を受けている。オープン大学は多数の学問分野の学位を授与している。

　参考として，2019／20 年度の分野別の在籍者数を表 2.5 に示す。理系分野，特に生命系，理学工学系分野に人気があり，また学士課程の学生のうち，36％が 25 歳から 34 歳の区分にあてはまる。これは学生の 44％がイギリスでパートタイムで働く学生であることから，現在でもキャリアアップのために学ぶ学位を取得する学生が多いことが考えられる。これは，日本の通信制大学である放送大学の場合，40 歳以上が多いことから，生涯学習を目的としている学生が多いと考えられるのと違う点である［放送大学 2022］。

表2.5　分野別の在籍者数

分野	在籍者数
医療関連	2,089
生物，生理学	15,853
数理科学，コンピューターサイエンス，工学	12,658
社会学	12,998
法学	4,170
経営学，会計学	7,093
語学	4,213
歴史学	5,344
美術学，デザイン学	1,069
教育学	7,557
その他	31

2．オープン大学の遠隔講義

　オープン大学では，表2.6のとおり，現在3つの資格を修得できる。イギリスの大学は3学年制であり，オナーズディグリーが学士号に相当する。週14時間学習（フルタイム学習にあてる必要がある）で3年，週7時間学習では6年学習にあてて卒業が可能になる。

　卒業までに必要な費用は19,008ポンド（日本円で約290万円）であり，これは一般的なイギリスの通学制大学の年間学費が9,250ポンドと比較すると安価に抑えられている。

　オープン大学の遠隔講義は，「Supported Open Learning」と自らが呼ぶユニ

表2.6　学位と費用

資格の種類	必要単位数	卒業に必要な年数 （週14時間学習）	通算学費
高等教育証明	120	1年	6,336ポンド
高等教育ディプロマ	240	2年	12,672ポンド
オナーズディグリー（学士）	360	3年	19,008ポンド

ークな教育システムからなっている。この教育システムは柔軟（Flexible），包摂的（Inclusive），支援を実施（Supportive），社会的（Social）を特徴としているが，核となるのが学生に寄り添うユニークなチューター制度である［高橋 2014］。

　それぞれのコースの教育設計は，オープン大学の教員（Lecturer）等により行われるが，設計されたコースの指導役はチューター（Associate Lecturer）が行っている。オープン大学では，約 5,000 名のチューターが在籍し，それぞれのチューターが受け持つ学生の学習進捗状況，教材への質問対応，オンラインでの双方向スクーリングなど，幅広い学習支援を行っている［Open 2021c］。

　一般的な日本の大学は，担当教員が授業，学習支援，単位認定をすべて行い，チューターは主に大学院生などの学生からなり，授業進行の補助にあたるのみのケースがほとんどである。しかし，オープン大学のチューターは，専門分野に秀でている企業やほかの教育機関に勤務している者やフルタイムでオープン大学に雇用される者が行っている。よってオープン大学では，教員はコース設計，単位認定を行う存在で，チューターに授業，学習支援の権限を移譲して学生の学習進捗状況に目が届きやすい体制になっているといえる。

2.8　放送大学

1．放送大学の歴史と概要

　日本の通信制大学のひとつである放送大学は，1980 年代になって誕生したが，その設置構想自体は諸外国とそれほど変わらない時期に考えられていた。1969年，社会教育審議会はイギリスのオープン大学やアメリカの大学における放送利用に着目し，大学教育への放送活用について検討する「映像放送及び FM 放送による教育専門放送のあり方について」の答申を行った。

　またその年の閣議において，文部・郵政両大臣が，放送大学の検討を行う報告を行い，放送大学構想は動き出すこととなった。ただその後，景気の悪化，また放送法により，国としては自ら放送を行わないこととしているため，放送法の改

正が必要になり，紆余曲折を経てようやく 1981 年に，特殊法人として放送大学
学園は設立されることとなった。

　その後，1983 年に学園のもとに教養学部一学部体制で放送大学が設立された。
1985 年，電波割り当ての制約から，主として南関東地域を対象に UHF テレビと
FM ラジオを用いた放送授業の提供を開始し，学生を受け入れることとなった
［文部省 1992］。

　現在，学生の種類としては，卒業を目的とする全科履修生，一年にわたり特定
の科目群を履修する選科履修生，一学期間希望する科目を履修する科目履修生が
あり，専門分野によって 6 つのコースに分かれて学び，卒業すると学士（教養）
の学位を取得できる。また，大学院として 1 研究科（文化科学研究科），1 専攻
（文化科学専攻）のもと，修士や博士の学位も取得できる。

　放送大学の教育は，放送授業（放送などの視聴と印刷教材による学習）を主と
しているが，全国の学習センターにて行われる面接授業（スクーリング）を一部
修得することが卒業に必要な要件となっている。また，放送授業では学期末に行
われる単位認定試験についても，原則として全国の学習センターにて試験が行わ
れ，合格すると単位が修得できる［放送大学 2021］。

　学費は，入学料 24,000 円，1 単位 5,500 円で入学料と授業料（124 単位分）で
最低 706,000 円必要となり，一般的な国内の大学と比較して安価である［放送大学
2022a］。

　放送大学は，学則として「各専門分野における学術研究を通じて新しい教養の
理念を追求し，放送を活用して大学教育を行い，併せて広く生涯学習の要望に応
えること」を目的としている［放送大学 2021］。2021 年度第 2 学期では約 8 万 5 千
人の学部生，約 4 千人の大学院生が在籍している。

　年齢構成も，60 代以上が全体の約 1/4 であり，最も多い。しかし，20 代，30
代，40 代，50 代の現役世代もそれぞれ 1 万人以上学生として在籍している。職
業種別の在籍をみても，会社員等が約 2 万人，看護師等が約 9 千人等，生涯学習
以外に最近はリスキリングとしての要素も増えてきている［放送大学 2022b］。

　実際に，看護師国家試験受験資格，学芸員，教員免許，認定心理士等の資格取

講座の修了者に交付されるデジタルバッジ

デジタルバッジが交付される「放送大学キャリアップ支援認証講座」

図 2.20　放送大学のデジタルバッジ［放送大学 2020］

得による自らのキャリアステップに放送大学を利用している人も多いと考えられる。特に，2007 年から始まった履修証明制度を放送大学も活用し，科目群履修認証制度（放送大学エキスパート）を実施している［放送大学 2021］。

2．放送大学のデジタル化

　インターネットの普及，また新型コロナウイルス感染症の蔓延による単位認定試験や対面授業の実施が困難になるという事情により，これまでの放送大学の形態も変わろうとしている。

　放送授業については BS 衛星放送によるテレビやラジオによる放送授業を原則すべてオンライン配信するようになっている。また一部の授業はすべての学習

（授業や課題提出）をオンラインで行うオンライン授業も近年急速に開講講座数を増やしている。

2022 年度第 1 学期の単位認定試験については，Web 受験型を採用し，面接授業についても同時双方向 Web 授業の運用を本格的に展開する予定であるなど，オンライン型の教育が進展しつつある。

また，放送大学では，一般社団法人日本オープンオンライン教育推進協議会（JMOOC：ジェームーク）の配信プラットフォームとして OUJ MOOC を保有していた（現在は休止中）。放送大学では非正規のエクステンションで修了証書として Open Badges Version 2 に準拠した学修歴デジタル証明を発行している。MOOCs および学修歴デジタル証明に関しては 4 章で詳しく述べる。

2.9　サイバー大学

1．サイバー大学の概要

サイバー大学は，2007 年 4 月にソフトバンクグループ㈱100％出資による株式会社立大学として開校した日本初の 100％オンデマンド型遠隔授業による 4 年制大学であり，双方向コミュニケーションによる高度メディア教育を実践している。設置学部・学科は，IT 総合学部・IT 総合学科であり，入学後，テクノロジーコース，ビジネスコース，IT コミュニケーションコースのいずれかのコースを選択する。

IT 総合学部は，「IT 活用力」，「ビジネス応用力」，「コミュニケーション力」を身に付けた高度 IT 人材の育成，すなわち，分野に関わりなく複雑に絡み合った問題を分析し，必要な IT やデジタル技術を活用して解決に挑む「ビジネスのわかる IT エンジニア・IT のわかるビジネスパーソン」を育成することを目指している。

2．理念とミッション・ステートメント

　経営理念は，「情報革命で人々に学習の機会を」，建学の理念は，「場所や時間など個人の環境や条件を問わず，勉学に意欲のある多くの人に幅広く質の高い学修の機会を提供し，社会の形成者として有能な人材を育成する」である。この理念のもと，No1 インターネット・オープン・ユニバーシティを目指して，3つのミッション・ステートメントを掲げている。

　1つ目の「完全インターネットによる教育機会の提供」では，プラットフォームとして，統合型オンライン教育システム「Cloud Campus」により，地理的・時間的制約なく大学教育の機会を提供することを実践している。働きながら学ぶ学生のニーズをとらえ実現するための，「Cloud Campus」を独自に開発し，改善を繰り返している。顔認証による本人確認と試験監視システムも自ら開発し，一切の通学なく正規科目の履修と単位認定を実現している。

　2つ目の「IT 分野での社会人のリカレント教育」として，卒業後も学び続ける「生涯学習プログラム」を無償で永久に受講可能としている。学外においては一般社会人向け公開授業や企業研修コースも開講している。

　3つ目の「Cloud Campus 構想」であるが，Cloud Campus は，サイバー大学が独自開発した，コース設計からコンテンツ制作・配信・学習指導・評価にいたる一連のオンライン教育ソリューションのクラウドサービスであり，ユーザ組織による教育コンテンツや正規（単位互換）・非正規科目の共有プラットフォームとして機能し，オンライン教育における産学／学間連携プラットフォームとして稼働中である。2022 年 4 月時点，204 の企業と大学で運用中であり，経済的持続性のある教育のエコシステムを形成しつつある。

3．デジタルラーニングエコシステム

　エコシステムは，業界・業種・分野などをまたがって，企業や大学が協力・連携して新たなシステムやサービスなどを創造していく連合体である。サイバー大学は，図 2.21 に示すように Cloud Campus という教育のプラットフォームを活用して，デジタルラーニングエコシステム実現を目指しており，コンテンツとイ

ンストラクションの分離，Cloud Campus をプラットフォームにした授業などを
実現してきている。

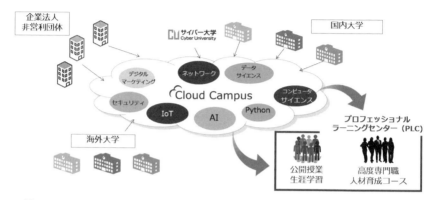

図 2.21　Cloud Campus によるオンライン教育のエコシステム［出典：サイバー大学］

　その一例として，成蹊大学の事例（コンテンツはサイバー大，インストラクシ
ョンは成蹊大学の教員）や CU Extension（以下，CUEX）と呼ばれるサイバー
大学の学外向け公開講座の事例（コンテンツはマサチューセッツ工科大学や
Linux Foundation のものを活用し，インストラクションはサイバー大学教員が
担う）などが既に始まっている。

　CUEX では修了証として，今後の資格証明や学位証明などに活用されること
が期待されているデジタルバッジ（4 章で詳しく述べる）を発行している。

4．学生サポート

　具体的には，図 2.22 に示すとおり，学生生活全般，卒業後の進路などの相談
は学生サポートセンター，授業内容や履修科目に関する質問は授業サポートセン
ター，インターネットやパソコン操作についての質問はシステムサポートセンタ
ーというように，それぞれのサポートセンターで専任のスタッフが迅速・丁寧に
対応する体制を整備している。

　特に授業サポートセンターでは，電話やメールを活用して履修計画の作成や入

学から卒業までの学習相談役として，学習の指導を行うラーニングアドバイザーと，各授業内で，教員と学生の間に立って履修や学習がスムーズに進行するようにサポートするティーチングアシスタントを置き，充実化を図っている。

図2.22 サポート体制［出典：サイバー大学］

5．質保証

日本の大学教育の公的な質保証システムは，従来の事前規制中心の質保証システムから平成16年以降は事前規制と事後確認の併用型に転換し，平成14年に学校教育法が改正され，認証評価制度が導入され，政令で定める期間（7年以内）ごとに文部科学大臣が認証する評価機関による評価を受けることが義務付けられている。

サイバー大学は，令和元（2019）年度に公益財団法人日本高等教育評価機構による大学機関別認証評価を受審し，「日本高等教育評価機構が定める大学評価基準に適合している」と認定されている。その中で，優れた点の1つとして，授業コンテンツ開発にインストラクショナルデザインの手法を導入し，インストラクショナルデザイナー等の専門スタッフが，授業改善のためのコンサルティングを通して担当教員を補助し，教育内容の質保証を組織的に行っていることなどは高く評価されている。

6. DXへの取り組み

　2.1節において，DXへの取り組みが，「事業創造型DX」と「業務変革型DX」
に分類されることを述べているが，2.9節のサイバー大学が，いっさいの通学が
不要の100％オンデマンド遠隔型の4年制大学として開校し，新しい教育サービ
スを創出して新市場への参入を果たしたことや，デジタルラーニングエコシステ
ム実現へのチャレンジなどは，事業創造型DXと捉えることができる。

参考文献

[青木 2020] 青木久美子，e ラーニングの理論と実践，放送大学授業ノート，2020.

[安藤 2013] 安藤昌也，『UX デザインの教科書』（丸善出版株式会社）2016 年 5 月.

[池田 2020] 池田 佳子，ICT を活用し海外の学生と行う国際連携型の協働学習「COIL」の教育効果と課題，大学教育と情報　2020 年度　No.2（通巻 171 号）.

[井上 2016] 井上雅裕，長谷川浩志，間野 一則，古川修，山崎敦子，Anak Khantachawana，グローバル環境でイノベーションを創出するための人材育成プログラムの開発，工学教育（J. of JSEE），Vol.64，No.5，pp.101-108，Sep. 2016.

[井上 2019] 井上雅裕，グローバル PBL ─イノベーション創出と持続可能な開発のための人材育成─情報処理，Vol.60　No.9，pp.886-889，Sep. 2019.

[井上 2020b] 井上雅裕，大規模な PBL と反転授業のオンライン化そして今後の展開.【第 23 回】4 月からの大学等遠隔授業に関する取組状況共有サイバーシンポジウム〜遠隔・対面ハイブリッド講義に向けての取り組み，国立情報学研究所，Dec. 25, 2020. https://www.nii.ac.jp/event/upload/20201225-07_Inoue.pdf，参照日：2022-03-21.

[井上 2021a] 井上雅裕，コロナ禍での大学教育の変革〜対面とオンラインによる新たな大学教育の展開，DX 時代の生涯教育〜，大学教育と情報，2021 年度　No.1（通巻 174 号）.

[井上 2021] 井上雅裕，理工系の COIL（Collaborative Online International Learning）の授業設計・基礎技術と実施事例，2021 年度第 2 回オンライン授業に関する JMOOC ワークショップ「海外大学と連携した授業実施とその基礎技術」，https://www.jmooc.jp/workshop20210921/，参照日：2022-03-13.

[井上 2022a] 井上雅裕，国際 PBL（プロジェクト型学習），IDE 現代の高等教育，2022 年 2〜3 月号（No.638），pp.44-48.

[井上 2022b] 井上雅裕，大江信宏，間野一則，グローバル PBL とサイバーフィジカル空間への拡大─理工系でのオンライン国際協働学習（COIL）の現状と今後─，工学教育（J. of JSEE），Vol.70，No.3，pp.9-14，2022.

[植田 2017] 植田順，意義付け・共感　まずはビジョンを共有現場を観察し，想いを学ぶ，体験してわかるデザイン思考，日経クロステック，June, 2017.

[愛媛大学 2021] 愛媛大学，国立大学法人愛媛大学 DX 推進室を設置　https://www.ehime-u.ac.jp/wp-content/uploads/2021/09/20210921_dx.pdf，参照日：2022-07-11

[大江 2020] 大江信宏，実機およびプログラミングなしの組込みシステム開発リモート PBL，文部科学省 enPiT プロジェクト FD 研修プログラム，Dec. 12, 2020.

[香川大学 2021] 香川大学，デジタル ONE 戦略，香川大学，https://www.kagawa-u.ac.jp/faculty/centers/26897/，参照日：2022-01-11

[香川大学 2022a] 椎木卓巳，山田哲，末廣紀史，武田啓之，國枝孝之，米谷雄介，後藤田中，林敏浩，八重樫理人，香川大学における学内業務システム内製開発にむけたアイデア創出と要件抽出の取り組み─業務 UX 調査と業務改善アイデアソンについて─，学術情報処理研究，Vol.25，No1，pp78-85，2021.

[香川大学 2022b] 国大協広報誌，香川大学：学生中心の DX 推進チームが学内の課題解決を実践，https://www.janu.jp/janu/report/koho/koho62/challenge62/，参照日：2022-07-11

[関西大学 2021] 関西大学，関西大学 DX 推進構想，関西大学，https://www.kansai-u.ac.jp/ja/

assets/pdf/about/approach/ku_dx.pdf，参照日 2022-01-11

［関西大学 2022］COIL について，グローバル教育イノベーション推進機構，関西大学，https://www.kansai-u.ac.jp/Kokusai/IIGE/jp/COIL/，参照日：2022-03-13.

［国立教育政策研究所 2019］文部科学省国立教育政策研究所，OECD 生徒の学習到達度調査〜2018 年調査補足資料〜生徒の学校・学校外における ICT 利用，2019 年 12 月.

［国立情報学研究所 2020］国立情報学研究所，大学等におけるオンライン教育とデジタル変革に関するサイバーシンポジウム「教育機関 DX シンポ」，Mar，2020，https://www.nii.ac.jp/event/other/decs/，参照日 2022-01-11

［芝浦工業大学 2021］芝浦工業大学，教育イノベーション推進センター　News Letter Vol. 13　2021 年 11 月．https://www.shibaura-it.ac.jp/about/education/organization/ir.html，参照日：2022-07-11

［情報サービス産業協会 2018］一般社団法人情報サービス産業協会要求工学実践部会，デジタルトランスフォーメーション（DX）の現状と動向，一般社団法人情報サービス産業協会要求工学実践部会，June，2018，https://www.jisa.or.jp/Portals/0/report/29-J006REBOK-DX1.pdf，参照日 2022-01-11

［情報処理推進機構 2018a］情報処理機構，デジタル・トランスフォーメーション推進人材の機能と役割のあり方に関する調査〜報告書本編〜　https://www.ipa.go.jp/files/000073700.pdf，参照日：2022-07-11

［情報処理推進機構 2018b］情報処理機構，デジタル・トランスフォーメーション推進人材の機能と役割のあり方に関する調査〜詳細編〜　https://www.ipa.go.jp/files/000082054.pdf，参照日：2022-07-11

［情報処理推進機構 2021］情報処理機構，DX 白書 2021，2021.

［大学 ICT 推進協議会 2020］大学 ICT 推進協議会 ICT 利活用調査部会，高等教育機関における ICT の利活用に関する調査研究，2020 年 7 月.

［大学設 2021a］大学設置基準，https://elaws.e-gov.go.jp/document?lawid=331M50000080028，参照日：2021-12-09

［大学設 2021b］大学設置基準等の一部を改正する省令等の施行について，https://www.mext.go.jp/b_menu/hakusho/nc/07091103.html，参照日：2022-07-11

［大学通 2021］大学通信教育設置基準，https://elaws.e-gov.go.jp/document?law_unique_id=356M50000080033_20161001_000000000000000，参照日：2021-12-09

［高橋 2014］高橋保幸，生涯学習と雇用に関する一考察—オープン・ユニバーシティに着目した日英比較—，東北大学大学院教育学研究科研究年報，Vol.63，No.1，pp.15-31，2014 年.

［武山 2017］武山政直『サービスデザインの教科書：共創するビジネスのつくりかた』（NTT 出版）2017 年 9 月.

［辻 2008］辻義人，視聴覚メディア教材を用いた教育活動の展望—教材の運営・管理と著作権，小樽商科大学人文研究，Vol.115，pp.175-194，2008.

［東北大学 2021a］東北大学，東北大学ビジョン 2030（アップデート），東北大学　https://www.tohoku.ac.jp/japanese/newimg/newsimg/news20200729_00.pdf，参照日 2022-01-11

［東北大学 2021b］東北大学，教育研究 DX の基盤を強化しました，東北大学，http://www.bureau.tohoku.ac.jp/i-synergy/Education_and_Research_DX /index.html，参照日 2022-01-11

［内閣府 2021］内閣府，内閣府における EBPM の取組，Apr，2021，https://www.cao.go.jp/

others/kichou/ebpm/ebpm.html，参照日 2022-01-11

［ネルソン 2021］ベン・ネルソン［インタビュー］「21 世紀スキル」，NHK ラジオビジネス英語 2021 年 8 月号

［日高 2017］日高豪一，平野隆，高島大介，PLY，HUB-YU に見る「共創の場」本音の議論，斬新な発想に工夫を凝らす，Knowledge Integration in Action，富士通，pp.26-27，2017 年 5 月

［ビジネスモデルイノベーション 2022］ビジネスモデルイノベーション協会，https://www.bmia.or.jp/，参照日 2022-01-11

［平野 2021］平野徹，VUCA の時代における事業構造変革（DX）を目指して：提言：データ駆動型・経営工学の展開，経営システム，Vol.31，No.1，pp.15-20，Jul，2021.

［ポップインサイト 2021］株式会社ポップインサイト，カスタマージャーニーマップ作成の 4 パターン〜作り方の 7 ステップと実例紹介 !!，株式会社ポップインサイト，https://popinsight.jp/blog/?p=2327，参照日 2022-01-11

［文部省 1992］文部省学制百二十年史編集委員会，学制百二十年史，第二章生涯学習第三節放送大学の創設と整備

［放送大学 2020］放送大学広報誌 On Air，131 号　p.9-10，https://www.ouj.ac.jp/hp/gaiyo/pdf/onair/onair131.pdf，参照日：2022-07-04

［放送大学 2021］放送大学，学生生活の栞 2021 年度

［放送大学 2022a］学費，放送大学ホームページ，https://www.ouj.ac.jp/hp/gakubu/tuition.html，参照日：2022-03-13

［放送大学 2022b］数字で見る放送大学，放送大学，https://www.ouj.ac.jp/hp/gaiyo/number/，参照日：2022-03-13

［水田 2021］水田哲郎，福永竜太，PoC で終わらせない，DX で業務変革を「確実に」成功させる 7 つのポイント，日経クロステック，Nov，2021，https://xtech.nikkei.com/atcl/nxt/column/18/01848/110800001/，参照日 2022-01-11

［メディア 2016］メディアを利用して行う授業に関するガイドライン，公益財団法人私立大学通信教育協会，2016 年 4 月 1 日

［森 2017］森朋子，溝上慎一，アクティブラーニング型授業としての反転授業，ナカニシヤ出版，2017 年.

［森川 2012］森川輝紀，小玉重夫，教育史入門，放送大学教材，2012.

［文部科学省 2021］文部科学省，令和 2 年度学校における教育の情報化の実態等に関する調査結果，2021 年 3 月．https://www.mext.go.jp/a_menu/shotou/zyouhou/detail/mext_01635.html，参照日：2022-07-11

［山本 2018］山本秀樹，『世界のエリートが今一番入りたい大学ミネルバ』（ダイヤモンド社），2018 年

［山本 2019］山本秀樹，『次世代トップエリートを生みだす最難関校ミネルバ大学式思考習慣』（日本能率協会マネジメントセンター），2019 年

［吉見 2021］吉見俊哉，『大学は何処へ未来への設計』（岩波書店），2021 年

[Blended2016] Blended learning for quality higher education：selected case studies on implementation from Asia-Pacific, UNESCO Office Bangkok and Regional Bureau for Education in Asia and the Pacific, 2016, https://unesdoc.unesco.org/ark:/48223/

pf0000246851，参照日：2021-12-02

[Blended 2019] Blended Learning for quality higher education：Introducing a new self-assessment tool for Asia-Pacific, 22 Jul 2019, UNESCO Bangkok, https://bangkok.unesco.org/content/blended-learning-quality-higher-education-introducing-new-self-assessment-tool-asia-pacific，参照日：2021-12-02

[Boonjubut 2021] Kanokporn Boonjubut, Shogo TAKEZAKI, Shunsuke TSUTSUMI, Ryusuke SUZUKI, Shunsuke ABE, Hiroshi HASEGAWA, Factors Affecting Group Work Skills Online in Cross-Culture Engineering Project, JSEE 69th Annual Conference & Exposition, September 8-10, 2021.

[Eric 2004] Eric, S. Anna, C. F.：Information Technology and the Good Life,Inf. Syst. Res., pp687-692, 2004.

[EUROPEAN 2020] EUROPEAN MATURITY MODEL FOR BLENDED EDUCATION, European Union, May 2020, https://embed.eadtu.eu/，参照日：2021-12-02

[Kosslyn 2018] Stephen M. Kosslyn and Ben Nelson, eds. Building the International University: Minerva and the Future of Higher Education, The MIT Press, 2018

[Minerva] Minerva University website URL：https://www.minerva.edu/undergraduate-program/，参照日：2022-02-28

[Open 2021a] Open University Digital Archive, The Open University, https://www.open.ac.uk/library/digital-archive/，参照日：2021-12-09

[Open 2021b] Facts and Figures 2019/20, The Open University, https://www.open.ac.uk/about/main/sites/www.open.ac.uk.about.main/files/files/Facts-and-Figures-2019-20.pdf，参照日：2021-12-09

[Open 2021c] Teaching and research, The Open University, https://www.open.ac.uk/about/main/teaching-and-research，参照日：2021-12-09

[SU01] 川原 洋：「ポストコロナ時代をめざして導入が進む Cloud Campus によるデジタルラーニング・エコシステム」，第 2 回オンライン授業に関する JMOOC ワークショップ，2020 年 6 月 9 日

[SU02] サイバー大学：https://www.cyber-u.ac.jp/，参照日：2022-04-18

[SUNY] The SUNY COIL Center, the State University of New York, https://coil.suny.edu/，参照日：2022-03-13.

[Ueda 2021] Yasutaka Ueda, Nozomu Tsuboi, Sachiko Nakano, 3-day Collaborative Online International Learning on Sci-tech Challenges for Sustainable Development Goals, JSEE 69th Annual Conference & Exposition, September 8-10, 2021.

[Yuran 2021] Yuran, J., Shoufeng, J., Li, L., Wei, W.：Business model innovation canvas：a visual business model innovation model, European Journal of Innovation Management, DOI：10.1108/EJIM-02-2021-0079, Jun, 2021.

第3章

学習者本位の教育のためのデジタル技術

3.1　教育におけるデジタライゼーションの狙いと目的

1．学習者本位の教育のあり方と方向性

　画一化された形態や進度で学習者に効率良く知識を習得させるという 20 世紀型の集合教育に対し，21 世紀の現代では，個々の学習者を中心に据えた視点の重要性が認識されるようになっている。デジタル化された情報通信技術の活用，すなわちデジタライゼーションによって，学習者個々人のニーズ・能力・嗜好に合った教授形態や学習環境を提供することが可能となってきた。これは教育におけるパラダイムの転換ともいえよう。

　また，国際連合が定めた 17 の持続可能な開発目標（Sustainable Development Goals：SDGs）のうち，4 番目の目標は教育に直接的に関わる目標であり，「すべての人に包摂的かつ公正の質の高い教育を確保し，生涯学習の機会を促進する」となっている。目標としての短い文章ではあるが，重要な概念が多く含まれており，これらもデジタライゼーションを教育に持ち込む動機となっている。

　包摂的であるためには，障害を持った学習者をはじめ多様な学習者に対し，それぞれに適した形態での教育が必要となる。これも，学習者本位の教育の一面といえ，学習者の学習スタイルに応じた教材を適応的に提供するようなデジタライゼーションが重要な役割を演じることになろう。

　公正で質の高い教育の実現には，教育機関間の連携や，産業・行政等との連携が必要となる。地域や国を越えて連携することにより，より質の高い教育が可能となろう。その際には，距離や時差の克服が必要となる。生涯学習機会の提供も，教育の対象が社会人・職業人に拡がることになり，学習のための時間の確保や通

学に対する制約が強まるため，その克服が重要となる。デジタライゼーションはこれらの克服の一助となろう。

　上述のとおり，あらゆる発達段階に対してデジタライゼーションが教育を転換させつつあるが，高等教育においては，学習者が基本的なデジタルリテラシーをあらかじめ身に付けていること，教育機関におけるデジタル機器活用環境が充実していることから，デジタライゼーションがその教育に及ぼす影響や活用の効果は特に大きいといえる。

　3章では，主として高等教育に焦点を当て，学習動機付けと意欲の長期的な維持，異なる考えを持つ学生による協働的学習，達成度の評価とそれに基づく自省，個々の学生に適した教育形態に向けて，デジタル技術がどのように活用されているか，また，活用され得るかについて述べる。

2．自律的に学び続ける学習者の育成

　学生は，社会に出れば不確実で予測困難な状況の中，絶えず新しい環境に適応しながら自らのキャリアを築いていくことになるだろう。

　大学には，学生が目標を意識して主体的に学習に取り組み，その成果を適切に評価し，さらに必要な学びに踏み出していく，自律的な学習者育成の場であることが求められる。自律的学習者として，目的を持って前に進んでいけるように，学生はどのような力を備えておく必要があるだろうか。

　OECD（経済協力開発機構）は，2015年からOECD Future of Education and Skills 2030 プロジェクト（Education 2030 プロジェクト）を進めている。このプロジェクトでは，2030年以降も子ども達が活躍するために必要とされるコンピテンシーやカリキュラム，教授法・評価法などについて議論を重ねている。コンピテンシーは，DeSeCo（コンピテンシーの定義と選択）プロジェクトで「単なる知識やスキル以上のものである。これには特定の状況において，心理社会的資源（スキルや態度を含む）を活用し，動員することによって，複雑な要求に対応する能力が含まれる」と定義されている [DeSeCo 2005]。

　2019年5月には，第1段階の最終報告書としてコンセプトノートを公表した

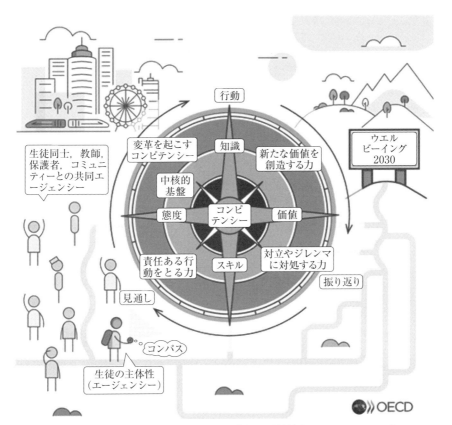

図 3.1 OECD ラーニング・コンパス（学びの羅針盤）2030［OECD 2019］

［OECD 2019］。図 3.1 は，プロジェクトで開発された「OECD ラーニング・コンパス（学びの羅針盤）2030」である。2030 年に求められる教育の未来像を描いており，個人，社会，共同としてのウェルビーイングに向かって，歩みを進めていくための学びの枠組みを示している。

　ラーニング・コンパスは，学びの中核的な基盤，知識，スキル，態度と価値，より良い未来の創造に向けたコンピテンシーの要素で構成されており，その周りを見通し（Anticipation），行動（Action），振り返り（Reflection）が循環している。学習者が状況に適応し，必要な行動を起こし，振り返りのサイクルを継続的

に回すことによって，より良い未来のために変革を起こすコンピテンシーを育成できることを意味している［OECD 2019］。

　一人ひとりの生徒・学生がコンパスを手に，自分の力で多様な道を模索しながら，進むべき方向性を見出していくことの重要性が示されている。

　大学では，学生が多様なキャリアの道筋を見渡し，何が自分に適しているかを十分な情報に基づいて判断できるような教育の仕組みを構築することが必要となる。

　例えば，オランダのトゥウェンテ大学（University of Twente）は，Personal Development Planning（PDP）を導入している。PDP は，1997 年イギリスにおけるデアリング報告書の中で，人々が生涯にわたって学び続ける学習社会（Learning Society）で必須となる「学習方法の習得（Learning How to Learn）」を学生に習得させる手段として，イギリスの高等機関への導入が提言された［ベネッセ 2008］。

　学生は PDP を通して，学期ごとの目標を決め，学期途中に教師や仲間からフィードバックや助言を受け，必要に応じて進む道を軌道修正したり，学習方法を変更したりする。学生がキャリアの一歩をスムーズに踏み出せるよう，入学から卒業まで，目標達成への道のりをていねいに支援する仕組みが整備されている。

　このように自律的な学習者育成を目指して，学生が進捗に応じた個別の課題に取り組めるよう，デジタル技術の活用によって教育効果を高めることが期待できる。デジタル技術は，学生を時間や場所から解放し，個々のペースや能力によって学習を進めることを可能にする。

　また，学習管理システム（Learning Management System，：LMS）上の教材を繰り返し学ぶことによって，スキルの定着を加速させ，端末に記録された学習履歴の評価を通して，次に進む方向性を決断することを可能にする。

3．学習者のモチベーション

　デジタル技術の教育への活用は，学習者の学びの質を高めるためであって，それ自体が目的になってはならない。デジタル化により効率化・利便性が増しても，あくまで学習の主体は人であり，本人がなんのために学習するのか，何を身に付

けたいのか明確な目的をもち，成長したいという意欲があることが何より重要である。ハードルの高そうな勉強でさえ，自らの内面から発した方向性と到達点が明確で，少しでも「できそうだ！」と感じられれば，楽しくなるものである。

　デジタル技術によって，学習者は自分の都合の良い時間に，自分に必要とされる学習を選択することができるようになる。ただ，個人のペースに合わせた自律的学習が十分機能するには，自分の学習を自分でコントロールできることが求められる。学習者に判断力や処理能力，さらに選択する力が備わってないと，前に進めず学習への意欲を失うことになる。このような課題をデジタル技術が解決し，いかにして学習者中心の教育を構築していくかが，教育のデジタライゼーションで問われている観点である。

　自分自身をコントロールできると信じる力は，人間の達成やウェルビーイング，将来のキャリア開発に大きく影響してくる [Bandura 1995]。人が何か行動をしようとする際に，「できそうだ」という自らの能力に対する確信を概念化したものを，自己効力感（Self-Efficacy）と呼ぶ [Bandura 1977]。この自己効力感は，モチベーションを自己コントロールしていくときに，主要な役割を果たす。

　自分の目の前にある課題や新しいことに挑戦する際，自身の能力やそれまでの経験を踏まえて，どのような結果が期待できそうかを予想し，「うまくできそうだ」という感覚を持つことができるなら，その挑戦を乗り越えられる確率が高まる。自分の能力を信じることができれば，強い忍耐力が支えとなり，挑戦に対して最大の努力を払う。自己効力感を高めるには，成功体験の積み重ねが効果的であるが，たやすく成功する体験ではなく，忍耐強い努力によって障害を乗り越えるような体験が要求される [Bandura 1995]。

　さらに，自分と同じような状況にいる人々が，一生懸命努力をして目標達成に向かう姿を観察することは，自分も同じようにできるのではないかという信念を高めることになる。学習プロセスに他者を巻き込み，他者から学ぶことを通して，学びへの意識向上を図ることができる。

　協働学習の中で，チームメンバーと話したり，ほかのチームメンバーの成果発表を聞いて新しい視点を得ることは，モチベーションの維持につながる。他分野

領域の学生，ほかの研究室ゼミの学生，他大学の学生，多国籍多文化の学生との交流もまた，自らの成長への意欲につながる。

　学生にとって，周囲から承認されたり努力を評価されたりする機会は，前進の活力となる。学習者が不安を感じたり，孤立しないようにするために，教員からのフィードバックやサポートがタイミング良く提供できるよう，デジタル技術がその仕組みをサポートすることができる。

4．学習の評価と自省

　自らの学習を振り返り評価できる能力は，生涯にわたって自律的および継続的学習を促す上で，重要な要素となる。成長の意欲を持ち続けることは簡単なことではないが，時間の経過とともに自分が少しでも成長しているという実感が持てれば，次への一歩を踏み出そうとする活力になる。評価と自省が，この変化のプロセスにおいて重要な役割を果たすことは明らかであり，それは AI を用いた評価（主に形成的）システムとしてなされる。

　学習成果の可視化は，学生自身が評価でき，個の学習のイノベーションを促すために行うものである。システム上に蓄積された学習結果を見せることで学習者のメタ認知を上げ，個の状況にあった学習の指導が可能となる。

　学習者が，何をどのように学習するかについて，主体的に選択や決定ができる場合，個人の学習に対するメタ認知が大きく作用している［三宮 2008］。メタ認知とは，認知を上から俯瞰して認知することを意味する。学習における意図的なリフレクションは，学習行動自体にも影響を及ぼし，メタ認知を促す役割を担う［Moon 2005］。

　メタ認知は，年齢の上昇に伴い形成されてくることが想定される。その形成には他者との相互作用が関与していることも考えられる［三宮 2008］。物事を主体的に選択し決定していくには，自己を深く理解している必要がある。自分に意識を向けることは重要であるが，ただ一人で内面を見つめて，自分がどのような人間かを追究するには限界がある。

　効果的なリフレクションには，個人が単に一人で自省するのではなく，一緒に

考え，質問し，フィードバックを与え，自省を助けてくれる批判的な視点をもった他者の存在が欠かせない要素となる [Seggelen-Damen 2017]。

　例えば，テキストマイニングによって分析された学習成果の評価を，どのように解釈するのか，学生にただ任せるのでなく，教員から解釈を伝えることも必要である。

　学生に，一方的にやり方を教えても，納得して試してみようと思ってもらえないことが多い。学生の置かれた状況や気持ちを想像し，背景にある科学的根拠を説明しながら指導をした方が最終的に良い結果に結びつく。その行動にどのような意味があるのかをデータを共有しながら見出し，さまざまな試行がどのような結果になったのかを分析するなど，学生と教員が一緒に試行錯誤を繰り返していくプロセスが不可欠である。

5. 個々の学習者に合わせた学習環境と学習支援

　同じ事項を教える場合であっても，その教授形態によって学習者ごとに理解・定着の度合いが異なることが指摘されている。これは，単にある学習者は理解力が高く，別の学習者はそれが低い，ということではなく，教授形態 A と B とがあったときに，学習者 a は教授形態 A の方が理解・定着が高いが，学習者 b にとっては教授形態 B の方が理解・定着が高い，といったように個人に適した形態が存在する。これを「学習スタイル」と呼ぶ [Curry 1983]。

　学習スタイルのモデルについては，膨大な研究がなされているが，本書の趣旨はその理論を詳述すべきものではないので，もっとも代表的な Kolb のモデルを簡潔に紹介する [Kolb 1984, 青木 2005]。

　Kolb は，学習を「学習とは経験の変換によって知識が形成される過程である」と定義し，その過程は図3.2のような4段階のサイクルであるとしている。この図において横方向の軸は，具体的な経験から学ぶことが多いか，抽象化された概念から学ぶことが多いかを表している。縦方向の軸は，外交的な操作から学ぶことが多いか，内向的指向から学ぶことが多いかを表す。

　個々の学習者は，自分に適した学習スタイルを身に付けており，それは，図に

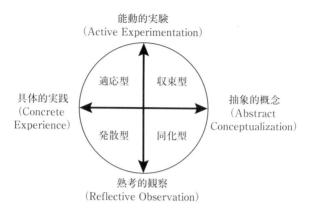

図3.2　Kolb の 4 つの学習スタイル［青木 2005］

あるように，適応型（Accommodating），収束型（Converging），発散型
（Diverging），同化型（Assimilation）の 4 つに分類される。

　教師 1 人が，30 人なり 40 人なりの学習者に授業を提供する従来の集合型教育
では，教室に集合する学習者それぞれに対して適した学習スタイルが異なるとす
れば，それらに合わせた教育は不可能である。学習者を学習スタイルごとの小集
団に分け，それぞれの小集団に適した学習スタイルで授業を提供するには，教師
が小集団の数だけ必要となり，従来の集合型教育を前提とした教育機関での実現
は難しい。

　これに対し，デジタル技術を活用した遠隔授業とすれば，広域の学習者から学
習スタイル別の集団を構成することができ，個々の学習スタイルに対して 30～
40 人のクラスを構成し，それぞれの学習スタイルの集団に対し 1 人の教師が担
当することも現実的となる。また，学習スタイル別のオンデマンド教材を作成し
ておき，学習スタイルの異なる学習者が同一の教室にいながらも，それぞれに適
した学習スタイルの教材で学ぶことも可能となる。

　近年は，メタバース，すなわちコンピュータやコンピュータネットワークの中
に構築された現実とは異なる 3 次元空間を利用した教育も多く研究されている。
教師，学習者がアバターとなって，メタバースで学習活動を行うときに，個々の

学習者の嗜好への適応が可能となり，学習意欲の維持や集中度の向上につながる可能性がある。同一の授業内容に対し，アバターの顔や声質を学習者の好みに合わせると，学習者はより親しみやすさを感じ学習意欲が向上する効果が得られると報告されている［渡辺 2020］。

3.2　データ駆動型教育とラーニング・アナリティクス

1．データ駆動型教育

　新型コロナウイルス感染症の拡大防止対策をきっかけとして，大学では教育環境のデジタル化，とりわけ学習管理システム（LMS）や授業配信システムなどの整備が進み，それとともに学習データや教育情報を取得する機会が大幅に拡大した。このような趨勢の中で，データ駆動型教育という言葉が最近注目を集めている。ここでいうデータ駆動（Data Driven）とは，収集したデータを分析し，意思決定や課題解決に活用することを指しており，2021 年 6 月 3 日付けで公開された教育再生実行会議の第十二次提言においても，エビデンスに基づくデータ駆動型教育への転換が強く打ち出された［教育再 2021］。

　本提言の中では，ポストコロナ期における新たな学びのあり方として，学習者主体の教育への転換とデータ駆動型教育への転換の双方が明記されている。特に後者に関しては，「さまざまな教育データを活用し，現状把握と効果的な教育政策を立案・実施すること」の重要性が指摘されるとともに，その実現に向けて「学びのデータを多様な場面で活用すること」が推奨されている。

　ここで，学びのデータをその利用目的に従って分類しておくことは，上記の提言を理解するうえで大切であり，データ収集の計画や方針を検討する際にも有用であろう。表 3.1 はこの観点から学びのデータを整理したもので，収集した学習データの利用目的が対象者ごとにまとめられている［学術会議 2020］。

　学習者や教員を対象としたデータの利活用は，学習者自身による学習状況の把握，教員による授業設計の改善などが主目的であり，狭い意味での学習分析（ラ

ーニング・アナリティクス：Learning Analytics）に対応する。なお，本節で後述するラーニング・アナリティクスはこの範囲に限定する。教育機関や社会全体として実施する学習データの利用も広い意味ではラーニング・アナリティクスに相当するが，大学など教育機関レベルで組織的に行うデータ利用は教学 IR（Institutional Research）として位置付けられ，執行部を対象とした計画立案や意思決定への活用が目的となる。

　また，学習者に関わるより広範なデータを関連させて分析することにより，エビデンスに基づく政策立案（Evidence Based Policy Making：EBPM）に資する根拠資料として学習データを活用し，政策提言へ反映させることなども期待されている。

表3.1　教育改善のための学習データの利活用の分類［学術会議 2020］

対象	誰のため	目的の例
個人	学習者	・個人に適した教材や問題の推薦による学習効果の向上 ・過去や現在の学習データを用いた，理解度の予測などによる，個人の学習状況の把握
	教員	・クラス全体や個々の学習者のつまずき箇所の発見などによる教材や授業設計の改善 ・自動採点など，学習データの利用による教員の負荷の軽減
	保護者	・自分の子供の学習状況，学習意欲などの把握
教育機関	機関の管理者	・学習データに基づくカリキュラムの最適化 ・教員や学習者の最適な配置
国や地域	政策立案者	・エビデンスに基づく教育政策の立案と評価
	研究者	・大規模な縦断的・横断的データを用いた学習者の成長過程の研究
	市民	・教育に関する諸問題を，データを用いて社会全体で共有・議論

　以上のようなデータ駆動型教育を活用した大学教育の DX を支援するため，文部科学省は 2020 年度補正予算で「デジタルを活用した大学・高専教育高度化プラン」を実施した［文科省 2021a］。公募要領によれば，本事業の目的は，デジタル技術を積極的に取り入れることで「学修者本位の教育」および「学びの質の向

上」を実現するための環境を整備し，あわせて教育手法の具体化ならびにその成果の普及を図ることにある。

　本公募に対しては 252 件の申請があり，取り組み 1「学修者本位の教育の実現」に 44 件，取り組み 2「学びの質の向上」に 10 件，が採択された。選定された 54 件の事業については，取り組みの内容が文部科学省のホームページで公開されている［文科省 2021b, 文科省 2021c］。

2．ラーニング・アナリティクスの定義

　データ駆動型教育への転換を図るためには，学習・教育データを収集・分析してその結果を学習者や教員へフィードバックすること，すなわちラーニング・アナリティクス（Learning Analytics：以下 LA という）を十分に機能させることが不可欠である。

図 3.3　LA の定義［SoLAR］

　LA はここ 10 年ほどで急速に進展した研究分野であるが，オンライン授業の増加に伴い膨大な学習・教育データが入手できるようになったことで，LA に対する関心が高まりを見せている。現在のところ，LA の統一的な定義といったものは定められていないが，「学習とその環境の理解と最適化のための，学習者と

そのコンテキストについてのデータの測定，収集，分析，レポート」という説明がLAの定義として頻繁に引用されている［緒方 2017］。これは，2011 年に開催された第 1 回 LA 国際会議（International Conference on Learning Analytics & Knowledge：LAK）において提唱されたものであり，現在はラーニング・アナリティクスに関する国際学会 SoLAR（Society for Learning Analytics Research）の Web ページ（図 3.3）［SoLAR］から参照することが可能である。参考として，以下に原文を示しておく。

> LEARNING ANALYTICS is the measurement, collection, analysis and reporting of data about learners and their contexts, for purposes of understanding and optimizing learning and the environments in which it occurs.

3．ラーニング・アナリティクスの基本的な手順

　LA の定義に示されているように，LA の目的は「学習および学習環境について理解し，それらを最適なものへと改善すること」にある。この目的を達成するためには，図 3.4 のような手順に従って継続的に LA のサイクルを回すことが必要であり，それぞれの作業を着実に実行することが求められる［緒方 2018，古川 2020］。

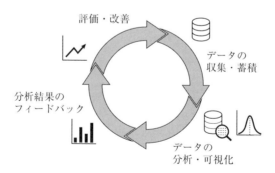

図 3.4　LA を機能させるための基本手順

　図 3.4 のサイクルは，学習・教育データを収集し蓄積することから始まる。大学の場合，LMS を介して収集されたデータは重要な情報源のひとつである。現在使用されている LMS は，Moodle のようなオープンソースソフトウェアを利

用したものから学内で独自開発したものまでさまざまであるが，一般には以下の
ようなデータが学習者ごとに取得される。

① 授業資料（テキスト，動画など）のダウンロード回数，閲覧状況
② 課題の提出回数，提出時間
③ 小テストの成績，受験回数
④ ルーブリックによる自己評価・他者評価
⑤ アンケート
⑥ 電子掲示板への入力
⑦ 出欠状況，入退室時間

　これらのデータは，学習者個々の学習活動に直結した動的な情報の提供を可能
にするという点において，高い価値を有している。また，基幹システムに位置付
けられる教務系のシステムからは，学籍，時間割，シラバス，科目，履修者，所
属など個人の属性や履修登録に関する情報を取得することができる。したがって
それらのデータと LMS から得られるデータを関連付ければ，学習者と教員の双
方にとって利便性のある情報が提供されることになる。さらに，図3.5のような
電子ポートフォリオが導入されている場合には，学習者が立てた目標設定とその
振り返り，資格試験や正課外活動の記録なども蓄積される。

　データの収集・蓄積に続くフェーズは，データの分析と可視化である。科目ご
との成績，小テストや課題の得点，取得単位数，GPA（Grade Point Average）
といったデータは集計が比較的容易であり，学期進行に伴う個人成績の推移など
は代表的な可視化の例といえる。前述の電子ポートフォリオは，これらの情報を
確認する可視化ツールの役割も果たしている。

　一方，学期単位の傾向分析のみで学習者の詳細な学習プロセスまで理解するこ
とは困難といえよう。この問題を克服するためには，期間を区切った学習データ
の分析が有効である。例えば，授業期間の中で定期的に学修成果や学習活動量を
測定することにより，学習者ごとに理解度と学習量の相関などを可視化すること
ができれば，その結果を指導内容や教材作成に反映させることが可能になる。こ
れは形成的評価（Formative Assessment）の可視化として捉えることができ，

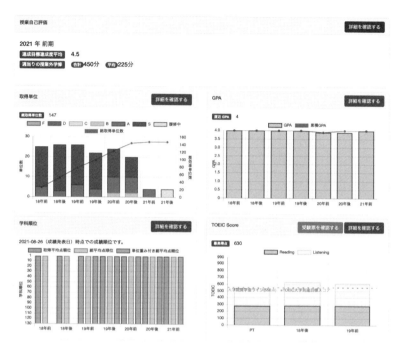

図 3.5 電子ポートフォリオの例

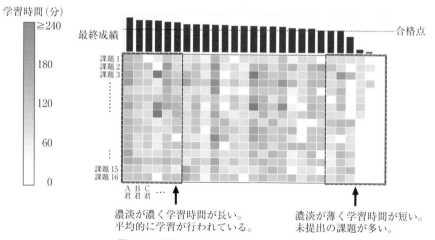

図 3.6 学習時間と成績の関係の可視化例

次の学習ステップへつなげるための重要なプロセスである。

　一例として，カラーマップを用いて可視化した学習時間と成績の関係を図3.6に示す。なお，図3.6の作成に当たっては，国立情報学研究所が主催する「4月からの大学等遠隔授業に関する取組状況共有サイバーシンポジウム（現，大学等におけるオンライン教育とデジタル変革に関するサイバーシンポジウム「教育機関 DX シンポ」）での報告事例を参考にした［島田 2020］。

　この図では，課題の解答作成に要した時間（学習時間）を学習者の成績順に並べることによって，学習時間と成績の相関が可視化されている。個々の学習者が課題作成に費やした時間は色の濃淡で表現されており，ひとつの列に沿って最初の課題から最後の課題まで学習時間が配置されているので，この図を縦方向に見れば学習時間の推移を把握することができる。

　なお，学習時間については，学習者が課題の解答を LMS から提出する際に収集した。学習者の成績は左から右へ向けて低くなるが，カラーマップの濃淡を見ると，成績上位に相当する左側の領域では比較的学習時間が長く毎回平均的に学習が行われていること，右側の領域では学習時間が短く未提出の課題も多いこと

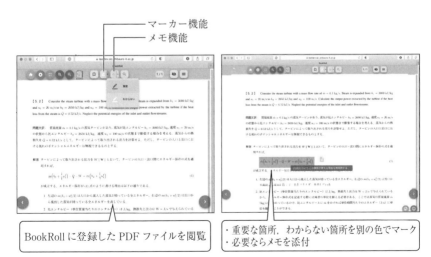

図 3.7　BookRoll の教材表示画面と各種機能

などが読み取れる。

さらに，授業期間よりも短い期間を対象とした学習データすなわち授業中の学習活動に関するデータをその場で測定することができれば，それらの情報を学習指導や授業運営にリアルタイムでフィードバックすることも可能になる。そのような要望に対応するツールのひとつが，京都大学で開発されたデジタル教材配信システム BookRoll である［緒方2018］。

BookRoll のインターフェースは，図3.7に示すとおりであり，学習者は BookRoll に表示された教材上にマーカーやメモで学習の過程や記録を残すことができる。学習者の記録した情報を教員が確認する場合には，LAView とよばれる分析ツールを利用する［緒方2021］。

図3.8は，LAView による分析結果の一例であり，BookRoll 上に引かれた全学習者のマーカーが表示されている。色の濃淡がマーカー数に対応しているため，学習者が十分に理解している箇所，あるいは多くの学習者がつまずきやすい箇所を確認する際に便利である。

また，マーカーの有無を学習者別に確認することもできるので，学習活動が低調であれば個別に介入し，学習者支援を行うといった利用も可能である［緒方

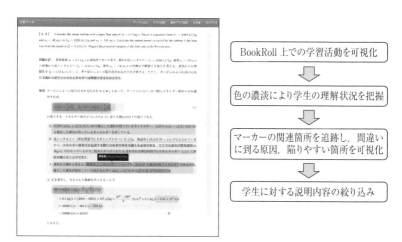

図3.8 LAView を用いた学習分析の一例

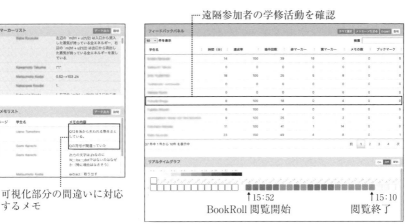

図3.9　LAView による学習情報の提示例

2021]。そのほかにも，誤りやすい箇所としてマークされた部分を追跡し，間違いに到る原因を解明するといった使い方も考えられる。

　LA を行うと，BookRoll の閲覧状況，マーカーを引いた文字列のリスト，メモ内容の一覧なども LAView に表示されるが（図3.9），マーカーやメモのリストは表形式での書き出しに対応しているため，それらをテキスト分析のデータに活用することも可能である。また，図3.9 の右側に示したように，LAView には，BookRoll の閲覧時間や閲覧したページの割合など学習活動に関する情報を学習者ごとに提示する機能が備えられているので，この情報をオンライン授業で活用すれば，遠隔参加者の学習状況をただちに確認することができる。オンライン授業を頻繁に行う教員にとっては，有効な機能のひとつであろう。

　このように，LAView は，LA で必要とされる多くのメニューを網羅しているが，最大の特徴は学習者の思考プロセスを視覚的に認識できる点にある。今後もさまざまな LA ツールが登場すると思われるが，個別に最適化された学びが求められる現状を考えると，将来的には思考プロセスを明示する機能の重要性がますます高まると予想される。

　さて，どのようなツールを使うにしても，データ分析によって得られた結果を

学習活動や教育活動にフィードバックすることはLAの中でも重要な作業であり，このステップに到ってようやくLAが行われたことになる。

　具体的なフィードバックの方法としては，学力に応じた課題を学習者に提示したり，現在の理解度に対応した教材へ学習者を導いたりすることなどが考えられる。これらのアクションが前述の個別最適化学習に深く関与することは明らかであり，LAにおけるフィードバック作業の重要性がますます高まることは想像に難くない。

　ただし，システム側からの一方向的なフィードバックのみでは，学習者の学びが受動的な姿勢にとどまってしまう可能性があることを指摘しておきたい。もちろん，必要とされる知識やスキルの獲得段階において，学習者個人の達成度に合わせた教材の提示やアドバイスは非常に有効である。

　重要なことは，知識獲得とセットにして，知識を応用する機会が学習者の能動的・主体的な行為を伴う形で設けられることである。このような仕組みを通じて教育が行われることにより，はじめてデータ駆動型教育を基盤とした学習者本位の教育が実現されるのではないだろうか。

　最後に，ここまでの成果を踏まえたうえで，評価・改善の点検を行うプロセスが残されているが，これもLAをマネジメントするためには不可欠なステップである。どの程度の学習効果・教育効果がもたらされたのかを検証することにより，学習者は次の学習段階へ進むための指針を学び，教員は次期の授業運営に関する気づきを得るからである。

　図3.4に示した一連の手順を継続的に繰り返す中で，好循環が生み出されることをLAの理想像とするなら，まずは各ステップを実行し，課題があればその所在を明らかにすることから始めるのもひとつの方法である。

　個々の科目で実施されたLAの結果が学位プログラムの改善へと結びつけば，大学教育のDXが教学マネジメントの強化という大きな成果をもたらすことになる。現在はその緒に就いたところかもしれないが，国内外ではLAに関する研究や実践が精力的に行われており，先駆的な取り組みとその波及効果に期待するところである。

3.3　Cyber - Physical 連携での学習の場の拡張

　オンライン教育における問題として，臨場感の問題や対話性の問題などがあり，このような問題を解決する技術として，仮想現実（VR），拡張現実（AR）などXR（クロスリアリティ）の活用による新しい学習体験，実験が始まっている。この節ではこれらの概要と活用事例を説明する[総務省，XR]。

1．XR の概要
　XR とは，仮想現実（VR），拡張現実（AR），混合現実（MR）などの総称で，「X」の部分に，さまざまな文字を入れることで総称として使われる。
　XR が実現する世界は，教育においても大きな効果をもたらすことが期待されており，すでにその利用が始まっている。まず，その違いを見てみよう。

⑴　**仮想現実：VR**（Virtual Reality）
　現実には存在しない世界や，存在するが実際には見ることができないものや場所を人工的に作りだし，100％バーチャルな世界をリアルに体験できる技術である。図 3.10 は，厚生労働省が外国人労働者向け安全衛生教育教材として公表している YouTube の一部である。VR を用いて安全衛生教育の教材として活用している。この映像では，体験者はこのあと落下する仮想体験をすることになる。

クレーンでミキサーが運ばれてきました受け取ってください

図 3.10　VR を用いた安全衛生教育教材の一部「足場から身を乗り出し墜落」[厚生労働省]

VRを利用することで，このように実際に体験することが困難な状況を仮想体験
できる。

⑵　**拡張現実：AR**（Augmented Reality）

　現実世界の映像に，コンピュータで作られるデジタル情報を重ねることで現実
世界の拡張を体験できる技術である。図3.11は，現実の作業環境において，機
械を写しながら，そこにデジタルコンテンツを重ね合わせて表示している図であ
る。ARを利用することによって，このような設備操作などのトレーニングや点
検などに用いることができるようになる。

図3.11　デジタルコンテンツを現実の作業環境に重ね合せて表示［PTC］

⑶　**複合現実：MR**（Mixed Reality）

　現実世界に仮想の世界を重ね合わせ，融合させて見せることで，現実世界の中
の関心領域を増幅・強調させたり，デジタルのコンテンツをよりリアルに体験さ
せたりすることができる技術である。図3.12は，図3.11と同様に，現実の作業
環境にデジタルコンテンツを重ね合わせているが，融合させている点が異なる。
MRのさらに特徴的なことは，図3.13では「表示」だけでなく，目の前に投影
されているデジタルコンテンツを，現実のモノと同じように動かしたり，操作し
たりでき，同じ体験（景色）を，ヘッドマウントディスプレイ・パソコン・スマ
ートフォンなどのさまざまなデバイス利用者とリアルタイムに共有できることで
ある。

図 3.12　デジタルコンテンツを現実の作業環境に重ね合せて表示［Microsoft］

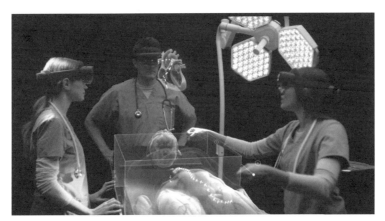

図 3.13　MR により現実世界に融合させた映像［Microsoft］

２．XR の利用機材

⑴　ヘッドマウントディスプレイ，AR スマートグラス

　ヘッドマウントディスプレイ（Head Mounted Display：HMD）は，頭部に装着することで目の前に映像を映し出すことができる装置で，VR 映像や AR 映像を見るためには，この装置が必要である。没入型と透過型の大きく２つに分けることができる。図 3.14 に利用機材の代表的な例を示す。没入型のヘッドマウントタイプと，メガネタイプのスマートグラスタイプである［VR1］。

　没入型は，仮想世界に利用者を没入させるという意味で，没入型と呼ばれており，主に VR で使われる。透過型は，画面の向こう側が透けて見えるディスプレイで，透明なガラスやプラスティックにデジタルコンテンツを表示するタイプで，主に AR や MR で使われる。AR スマートグラスは，透過型でメガネタイプの機材である。

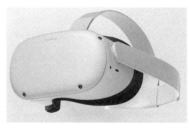 

　　（a）ヘッドマウントタイプ［Oculus］　　（b）スマートグラスタイプ［Wikimedia］
図3.14　XR の利用機材の例

　HMD は，ハイエンドなモデルからローエンドのエントリレベルの製品がそろってきている。

　HMD の種類として，スタンドアローンタイプ，パソコン用，PlayStation 4 用，スマートフォン用がある。

　スタンドアローンタイプは，パソコンやゲーム機に接続せず，単体で VR コンテンツを体験できる。パソコンに接続すればパソコン用の HMD としても利用可能である。

　パソコン用や PlayStation 4 用は，それぞれパソコンや PlayStation 4 に接続してゲームなどの VR コンテンツを体験できる。

　スマートフォン用は，スマートフォンに VR 対応アプリをインストールして，本体にセットすることで，VR コンテンツを体験できる。

3．トラッキング技術

　映像のリアリティ性が進むにつれ，さらにリアリティを求め，各種トラッキン

グ技術が開発されてきた［VR2］。

(1)　ヘッドトラッキング

　頭の動きに連動して見える映像を変化させる。例えば，上を見ると空が見え，下を見ると道路が見えるといったようなことが可能となる。

(2)　ポジショントラッキング

　利用者がいる位置（HMD の位置）に応じて映像を変える。体を傾けると視界も傾けたように映像も変化する。

(3)　モーショントラッキング

　利用者の動きを感知して，手の動き，足の動きなどセンサーを付けた場所の動きをとらえて，それに応じた映像にする。ペダルをこいで自転車に乗っている感覚を味わうなどの体験が可能になる。

(4)　ハンドトラッキング

　モーショントラッキングの1つともいえるが，手の細かい動きを感知して VR 内で手による作業を行うことが可能になる。

(5)　アイトラッキング

　パソコンなどでもアイトラッキング装置を取り付けて，目の動きにとらえて文章入力する技術が比較的安価に利用できるようになっている。このアイトラッキング技術をヘッドセットに取り込み，視線の動きを認識して映像を変えることが可能である。VR 酔いを軽減できる技術でもある。

4．コンテンツ作成

　XR のコンテンツを作成する方法として，実写映像を利用する方法と，コンピュータ・グラフィックス（CG）を利用する方法がある。例えば，360 度映像を撮影できるカメラで自然の風景や美術館，住宅の中，コンサート会場の中などを実際に撮影し，その実写映像を使ってコンテンツを作成することで，現実に存在する世界を疑似体験することが可能になる。

　CG を使ってコンテンツを作成する場合は，Unity などのツールを使って開発する。実写は，リアルさの点で優れているが，一方で，インタラクティブ性を求

める場合や現実に存在しないものを映像表現したい場合は，CG が適している。

5．XR の活用事例

(1)　XR 活用による新しい学習体験，実験

(a)　**アバター（あるいは自分の分身）利用による授業参加**　　アバターによる授業参加により，参加者の匿名化，発言の容易化を実現するとともに，遠隔参加者同士でのコミュニティ形成が可能となることにより，時間・空間の制約を超えた記録，授業の再生産を実現する。

(b)　**仮想現実による各種遠隔体験**　　小中学校などでは，社会科見学などにも活用事例が増えている。

(c)　**VR による演習（技能・加工技術習得，手術・医療操作等）**　　作業者教育，現場教育，医療従事者研修等における VR/AR の利用は，現場での訓練や，作業手順書を読むだけではなかなか身に付きにくい訓練などを効率化する。訓練を受ける人が XR の HMD を付けて，デジタル情報にアクセスしながら現場さながらに作業手順を追っていくことが可能になり，技術レベルの標準化，品質の向上，作業の効率化などに貢献している例が増えている。

　また，海外の研修生が日本に来る前の事前教育，来られない状況における遠隔教育が可能である。あたかも実際のものを見ながら作業できるリアリティがあり，対象物の表示と同時にインストラクション表示や確認などが表示され，それを繰り返し演習できる，結果の評価が容易などのメリットがある。

　① 　通常不可能な交通事故や，工場，建設現場における事故の再現が可能となる。

　② 　接客体験や自閉症者とのコミュニケーション指導などの例もある。

　③ 　障害者（五感／視聴覚，自閉症）の不自由な人へのシミュレーション体験と療育。

(d)　**VR/AR による実験（リモートラボ，モバイルラボ）**　　理科授業実験（物理，化学）のモデル化，シミュレーションの導入により，繰り返し（1 on 1）・一時停止，説明の詳細化，危険の回避を行うことができる。また，物理的

3.3 Cyber‑Physical 連携での学習の場の拡張　93

物品等の節約・再利用も可能となる。情報やソフトウェア開発授業において
は，リアルデータ／通信のソフトウェア化・仮想化や，ロボットとの協同作
業経験，システム設計・カスタマイズなど，従来の教科書・演習書だけでは
学習が困難な内容をデジタル化による可視化などにより，より身近なものに
できる。

(2)　**授業における Cyber‑Physical 連携による教育の可能性**

(a)　**コンテンツの多様できめ細かいデータベース蓄積・再利用技術**　熟練者
の活動データの蓄積・利用のためのデータベース化も可能となってきている。
構築されたデータベースから，個人の興味・ペースにあったコンテンツ生成
による教育目的別に再構成して利用することも可能となる。

(b)　**授業（演習含む）による学生の活動データの取り込み**　すでに，授業の
オンライン化の飛躍的な推進により，マルチメディア（音声データ，映像デ
ータ，チャット）の取り込みが可能となってきている。それらのデータから，
活動データの認識・テキスト化，取り込みデータの加工（アノテーション，
タグの付与），アノテーションデータの活用が期待できる [奥山 2021]。授業計
画との連携，習熟度の測定などにも利用できる。

(c)　**学生どうしの教えあい／協働作業**　ソフトウェア開発でのペアプログラ
ミングなどやリアルタイムファシリテーション，現場の情報表示・実践
　　アクティブラーニングのひとつとして PBL が推進されているが，活動
（Physical）データの取り込み，分析，リアルタイム可視化技術が開発され
つつある [Matsuhisa 2021]。従来 PBL の評価法は，事前・事後のアセスメント
によるものが多く，活動中のデータによる評価は難しかった。実際の活動デ
ータに基づくチーム活動やメンバー活動の可視化・評価・リフレクションに
より，より効率的な PBL を推進することが期待できる。

(d)　**多言語・他分野・多様な文化における外国人との協同作業・交流授業**
多言語通訳・翻訳技術の利用による多国間でのコミュニケーションの促進は，
グローバル PBL やグローバルプロジェクトにおいて，チーム内にとどまら
ず地域との連携も深めたより密接な交流が期待できる。また，多言語での促

進においては，人どうしの音声だけでなく，ロボット対話や，チャットボットなどによるテキストメディアの利用も手助けとなる。

(3)　メタバース（オンライン教育の新しい形）

　メタバースは，メタ（超越した）とユニバース（宇宙や世界を表す）を合わせた造語である。メタバースは，インターネット上に作られた 3 次元仮想空間で，自分がその空間内に存在しているように感じ，ほかの人たちと交流できる。ユーザはメタバース内で，アバターを操作してほかのユーザと交流できる。

　ゲーム業界では，すでにメタバースを使ったゲームが存在し，ゲームをオンライン上で複数のユーザと楽しむことができる。パソコンの高性能化，通信環境の整備により，3D 化された仮想空間の動きはスムーズになり，3D 化する技術の進化も著しい。HMD があればより仮想空間への没入感はより強くなるが，パソコンやスマートフォンでも十分アクセスでき，この点も，普及しやすい状況になっている。

　教育の形としては，デジタルキャンパス，3D 講義コンテンツ，没入型訓練システムなどがある。デジタルキャンパスは，大学キャンパスを丸ごと仮想化するもので，学問の場である講義室，実験室，研究室，図書室などをその目的に応じて柔軟かつ最適空間として設計が可能になる。

　デジタルキャンパスは，教育コンテンツ発信の場でもあり，たくさんの教育コンテンツを，臨場感を持って発信する。キャンパス内では教員や学生がアバターとしてほかのアバターと対話し，また仲間と研究，勉強ができる。これらの取り組みがすでに，一部ではあるが，現実になっており，すでに運用開始している大学もある［長尾 2021］。

　また，2020〜21 年はコロナ禍で国際会議などがあいついでオンライン開催となったが，単なるビデオ会議形式から，メタバースを使った国際会議も開催されるようになり，コロナ禍においても研究者間の交流が可能になった。

　図 3.15 は，芝浦工業大学がオンラインで実施した Global PBL（Cross-cultural Engineering Project（CEP））で活用したメタバースの映像である。

　コロナ禍によって，Zoom，Webex などのオンライン会議ツールが不可欠なツ

図3.15　芝浦工業大学 Global PBL（CEP）の事例（2021 年 3 月）

ールになり，またこのタイミングでマイクロソフトのオンライン・コラボレーションツール「Microsoft Teams」を採用する学校が増えた。さらに，メタバースにも対応してきている。メタ社など多くのベンダの参入により，メタバース空間でのコラボレーションが容易になり，オンライン教育の場もより快適で創造的なものになっていくことが期待される。

6．シミュレーション技術の活用による組込みシステム技術者教育の事例

　XR ではないが，サイバーとフィジカルを融合させるという視点で，シミュレーションによる教育事例を紹介する。組込みシステムにおけるソフトウェア開発の教育は基本的にハードウェアを使った演習を伴う学習が多く含まれる。

　文科省による「成長分野を支える情報技術人材の育成拠点の形成（enPiT）」プロジェクトでは，4 分野における高度 IT 人材の育成を目指して多くの大学が連携して活動してきた［enPiT］。

　その中でも組込みシステム分野は，ハードウェアを含む試作・開発の技術を習得するため，参加学生が集合して組込みシステム開発 PBL を行ってきた［大江2019］。ところが，コロナ禍でそれができず，オンラインによるさまざまな工夫を行ってきた。ここでは，その 1 つとして，マルチコプターをシミュレーション環

境で自動航行させる PBL の取り組みについて紹介する。

(1)　ROS + Gazebo シミュレータ

　ROS は，Robot Operating System の略で，OS という名前ではあるが，Microsoft Windows などの OS とは異なり，開発ツールやライブラリが含まれたオープンソースソフトウェアである［ROS］。分散処理システムを採用しており産業用ロボットの開発に適した機能を持っている。

　また，Gazebo はロボットシミュレーションのためのツールである［GAZEBO］。コロナ禍の以前は，マルチコプターなどのロボットの自動航行制御をプログラミングして，直接マルチコプターを動かしていたが，オンライン環境でロボットを使えない状態での PBL では，この ROS + Gazebo シミュレータの環境を使って，マルチコプターをシミュレーション環境で自動航行させることを行った。このことは，今後サイバーとフィジカルを融合させる CPS（Cyber - Physical System）の世界で，デジタルツインを実現する技術の1つでもあり，Cyber - Physical 連携での学修の場の拡張が図られたといえる。

　図3.16 は，2021 年 11 月の APRIS 2021 国際会議［APRIS 2021］と同時開催された APRIS ロボットチャレンジで実施された映像を切り取ったものである。

図3.16　ROS+Gazebo シミュレータ環境下のマルチコプター自動航行による救援者捜索

Gazebo シミュレータ上で World という世界（この図では山岳部を流れる川）を作り，そこでマルチコプターを自動航行させて救助者を捜索・発見し，画像を撮影して報告する PBL 課題である。

3.4 電子出版がもたらす教育への新たな価値創造

DX により進展する社会を牽引する人材を育成するため，大学教育にデジタル技術導入が積極的に進められている［文科省 2022a］。電子出版はこれら教育の DX を推進し，時間的・空間的な制約を超えた環境で，学生の学習に広がりをもたらす教材として期待される。

学生は電子書籍を使うだけでなく，プロジェクトや研究成果の発表の一環として電子書籍を制作することもできる［湯浅 2021］。また，電子書籍では，文字を拡大したり読み上げを行うことで，視覚障害や発達障害などによる読書困難者が容易にアクセスできるようになる。さらに，教材が電子化されていれば，翻訳ソフトを用いて多言語化が容易であり，オンラインでの国際連携教育に適している。

大学教育においては，一部の授業で電子書籍が活用されている事例はあるものの，まだ全学的に展開している状況にはない［湯浅 2021］。電子書籍の導入は，授業で使っている教科書をただデジタル化したものを使用することにとどまらない。電子書籍が持つ特有の利点を活かし，学生の学び方，授業のデザイン，教員の役割，さらには図書館のあり方といった多岐にわたる領域で変革を起こすことによって，個の学習の最適化とより深い学びを促す媒体となる。

1．電子出版の市場動向

電子出版の概念は，テクノロジーの進歩，社会そして人々との関わりの中で変化し続けている。図 3.17 に示すように，紙の出版物推定販売金額は，年々減少を続ける中で，電子出版の市場規模は右肩上がりで成長し，過去 5 年間で 2 倍超に膨れ上がっている［出版科 2022］。

　2021年度の電子出版市場規模は4,600億円を超え，出版市場全体の3割に迫る占有率となっている。その内訳をみてみると，電子コミック（約88.2%），電子書籍（約9.6%），電子雑誌（約2.1%）である。昨今の在宅を余儀なくされる状況でユーザ層が拡大しており，また電子書籍に関しても電子化を解禁する作家が増える傾向にあることから，市場の拡大が今後も見込まれる［出版科 2022］。

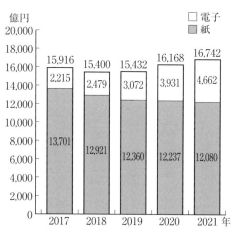

図3.17　紙の出版市場と電子出版市場合計［出版科 2022］

　このように出版市場は変化しているが，大学生の電子書籍の利用はどうだろうか。大学生協連の全国の国公立および私立大学の学部学生への調査（回収数11,028）では，半年間（2020年4〜9月）に電子書籍で読んだものとして，「コミックス」38.9%，「趣味や関心のための書籍」26.3%，「教科書や参考書」19.2%があげられており，一方「電子書籍は読んでいない」が33.8%との結果が示されている［全国大 2021］。「コミックス」は約4割近くと，スマートフォンのアプリでマンガを読んでいる学生は多いようであるが，一方で「教科書や参考書」は約2割と学習での利用はまだ少数派のようである。

2．電子書籍活用による学習の広がり

　電子書籍を大学教育に取り入れることによって，学習に広がりが生まれ，新し

い教育環境の創出が期待できる。電子書籍特有の機能を活かし，紙媒体の書籍と目的に応じた使い分けをしたり，両者を組み合わせたり，さらにはほかのテクノロジーと融合させることができる。

　文部科学省の GIGA スクール構想では，ひとり 1 台の端末の整備が進められ，紙の教科書をデータ化した「デジタル教科書」が全小中学校で提供されることとなる［文科省 2022b］。電子化された書籍は，学習にどんなメリットをもたらすのかいくつかあげてみたい。

① 音声や動画に接続することによって，繰り返し視聴でき，テキストだけではイメージがつかないような場面を深く理解することができる。

② 言葉の意味を端末上で確認したり，重要なポイントにマーカーで線を引いたり，メモとして記録し残すことができる。

③ 拡張現実（AR）やサイバー空間へアクセスすることで新たな価値を創造することが期待できる。

④ 学習ログによる学習時間や学習者の理解度の把握などが可能になり，エビデンスベースの教育によって学習の質の向上が見込める。

⑤ 他者とのインタラクティブな交流を可能とする機能を搭載することで，学生と教員，学生同士のつながりを高めることができる。

⑥ スマートフォンやタブレット，読書専用端末があれば，場所や時間に拘束されず，学習の機会が得られる。

3．学習へのアクセシビリティーを高める

　書籍を読んだり活用したりすることは，人々の心身の健やかな発達に大きな影響を及ぼし，教育活動の中で重要な役割を担う。学習を進めるうえで，なくてはならない書籍であるが，視覚障害者等が不自由なくアクセスできるものはいまだ少ないのが現状である。誰もが公平にアクセスできるような環境を整えていくことが必要である。このような状況の中，電子書籍は読書アクセシビリティーのために有効な媒体として位置付けられるようになってきている。

　2019 年 6 月に「視覚障害者等の読書環境の整備の推進に関する法律」（通称：

「読書バリアフリー法」）が公布・施行された［文科省2022c］。「読書バリアフリー
法」第三条では，「視覚障害者等が利用しやすい電子書籍等が視覚障害者等の読
書に係る利便性の向上に著しく資する特性を有することに鑑み，情報通信その他
の分野における先端的な技術等を活用して視覚障害者等が利用しやすい電子書籍
等の普及が図られるとともに，視覚障害者等の需要を踏まえ，引き続き，視覚障
害者等が利用しやすい書籍が提供されること。」と規定されている［文科省2022d］。

図3.18　誰もが読書をできる社会を目指して［文科省2022e］

　文部科学省と厚生労働省が連携して作成した，リーフレット「誰もが読書をで
きる社会を目指して〜読書のカタチを選べる」［読書バリアフリー法］には，公立図
書館や点字図書館等でどのようなサービスが行われているのか，またどのような
本があるのかが紹介されている（図3.18）［文科省2022e］。
　さまざまな障害のある方に配慮した電子書籍は，パソコンやスマートフォンを
使って，文字の大きさを調整したり，色やフォント，背景の模様などを読みやす
い形式に変更することができる。また，内容を音声で読み上げてくれる電子書籍
もあれば，タッチパネルの操作が難しい場合は，音声入力や認識等も機能も併せ
持つ。さらに，DAISY（Digital Accessible Information System，デイジー，ア

クセシブルな情報システム）と呼ばれるデジタル録音図書も利用できる。

　音声 DAISY では，図書や雑誌の内容を録音して音声にしたもので，本をめくるように読むことができ，音声の速さも変換することができる。マルチメディアDAISY では，文字や画像をハイライトしながらその部分の音声と一緒に読むことができる。

　障害の有無に関わらず，すべての人が質の高い教育を受けられるような社会の実現が，SDGs の目標の中にも組み込まれている［外務省］。誰もが読書をできる社会を目指して，電子書籍が果たす役割は大きい。

4．学生はどのような使い方を好むか

　電子書籍が学習者本位の教育を促進するツールとなるなら，学生はどのような利用目的を持ち，どのような使い方が便利だと感じているのか，実態を把握したうえで新たな授業デザインや環境を構築していく必要がある。

　2012 年から 2 年間，8 大学の図書館が参加した「大学図書館電子学術書共同利用実験」の中で，学生に対して日本語の電子学術書に対する調査を実施し，利用の目的や理想の使い方などを明らかにしている［加藤 2014］。

　まず，利用目的別ニーズについては，「授業」，「レポート作成」，「定期試験勉強」，「研究」，「個人の勉強」，「趣味・娯楽」のいずれにおいても，電子書籍の利用に対して肯定的であった。特に検索機能を用いて効率的に情報を入手できる点の評価が高かった。

　一方で，「授業」，「研究」では，メモを取りづらいことや目の疲れなどを指摘する意見もあった。また，紙媒体の方が書き込みをすることで，知識の定着が高い印象があるなど紙の良さも評価している。

　次に使い方については，広く，浅く，多くの情報を得たい，関連文献のリンクにアクセスしたい，活用頻度が低いなどの場合は電子学術書が好まれる。一方，1 冊をじっくりと読む，頻繁に書き込んで使用する，手元に保存したい，金銭を支払って入手したいときは，紙媒体を好む傾向にある。

　学習は，教室という場所に限らず，日常生活，通勤，レジャーなどあらゆる機

会の中で行われている。電子書籍を所蔵してある端末ひとつあれば，重たい学術書を何冊も持ち歩く必要がなく，図書館が閉館していても電子書籍にアクセスできる。学習者自身が，個々に応じた学習環境を柔軟に変化させることが可能となる。

　紙媒体の書籍は，複数の冊子を同時に広げて俯瞰したり，読み返したい箇所にすぐ戻ることができる。さらに手に取ったときの紙の手触り感や重厚感も，尊い学習体験となる。このように電子書籍と紙の書籍にはそれぞれの良さがある。授業の中に，電子書籍を意図的に導入していく際には，学生に電子版と紙媒体それぞれの特性の理解を促し，目的に応じた効果的な活用の方法を示していくことが望まれるだろう。

5．電子書籍化による「知の還流構造」の構築

　学生にとって，自らの学習した成果物が電子コンテンツとして保存され，他者の目にとどまり，再利用されることは，学習の効果を高め，学びへの意欲を促進する。

　追手門学院大学では，学習成果の電子書籍化による「知の還流構造」を構築し，全学的に大学教育の高度化に取り組んでいる。学生の成果物，教員の授業テキストや職員の業務著作物を電子図書化し，学内の電子図書館に登録・公開する。そしてこれらコンテンツが次世代に利用され，新たな知見を創出していく新しい教育モデルである。

　この「生産→保存→流通→利用→生産」のサイクルを学内の電子図書館で創出するために，図書館が電子出版のプロデュース的機能と役割を果たす。本の貸し出しをするこれまでの図書館像からの脱却が大学 DX につながっていく［湯浅2020］。

　ここで事例を紹介する。2020 年度「日本語ワークショップ」授業では，21 名の受講生が「大学の電子図書館から自分の気に入った電子図書を借りて読み，ほかの学生が読みたくなるような本の紹介文を書く」という課題に取り組んだ。それら成果物を電子書籍作成サービスを利用して，電子書籍を作成した。

　電子書籍は，サービスの共有機能を活用して，クラス内や教員と共有して読み合わせが可能である。また，「学内公開機能」によって，追手門学院大学であれば，電子図書館サービスで一般公開，学内限定公開，クラス限定公開の選択が可能である（図3.19）。[湯浅2021]。

　「電子書籍を読む」だけでなく「電子図書を制作して公開」する学習経験は，学生の主体性・創造性を高め，他者に開かれた自分を表現する力を育んでいく。そしてその電子書籍は知の還流構造に組み込まれ，新たな知見の創出をもたらす。

図3.19　制作した電子書籍（左），電子図書館に制作した電子図書を登録・公開（右）［湯浅2021］

6. 電子出版による新たな価値の創造

　電子出版の活用は，これまで決められた時間教室に着席し，同じ方向を向いた一斉教育の形から，学習者個々の特性や学習スタイルに応じた教育のイノベーションを促す。電子書籍をいつ，どの場所で，どのような方法・目的で活用するかを想定した授業デザインにとどまらず，その特性を活かしたサービスを展開していくことで，図3.20のように教育に新たな価値を提供することができる。

　第1に，大学間での電子図書館連携である。各大学の電子図書館に所蔵されているコンテンツのタイトルや内容を明らかにし，大学間をまたぐ検索を可能にする。学生は，より多くの学術書にアクセスできることで学習の質を高め，他大学との電子書籍を通じた連携授業も期待できる。

　第2に，国際連携での電子出版の活用である。教育のグローバル化が加速する

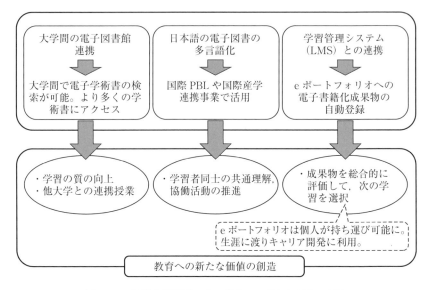

図 3.20　電子出版活用による教育への新たな価値の創造

なか，日本語の電子書籍の多言語化は，今後需要が高まってくると予想される。翻訳ソフトを用いて，自動的に多言語への翻訳が可能になれば，国際 PBL や国際産学連携事業などで活用ができる。言葉や文化の違いがあっても，同じ教材を基盤とすることで，学習者同士の共通理解が高まり，より活発な協働活動が期待できる。

　第 3 に，図書館での学習成果と学習管理システム（LMS）との連動である。学生は，学習に関する電子化された情報や成果物を管理するネット上の「場」を求めている［島田 2012］。

　電子図書館で借りた書籍や自らが制作した電子図書を，LMS の学習活動記録が蓄積されている e ポートフォリオの中へ，自動的に登録できるようにする。さまざまな活動記録や成果物が散乱しないよう，所定の場所で一括管理することによって，学生は自らの学習の歩みを総合的に俯瞰し，評価することを通して，次の新たな学習を選択することが可能となる。

　この e ポートフォリオは，大学卒業後，個人のキャリアを継続的に開発してい

くために重要な学習履歴となる。大学のシステムだけにとどまることなく，個人が持ち運べるようにし，生涯にわたって利用可能にすることが，真の意味での学習者本位の教育の実現となる。

参考文献

［青木 2005］青木久美子，学習スタイルの概念と理論―欧米の研究から学ぶ，メディア教育研究　第2巻，第1号，pp.197-212，2005.

［大江 2019］久住憲嗣，三輪昌史，大江信宏，グローバルに活躍する：4．グローバル Project-Based Learning―ドローン制御ソフトウェア開発を通して，情報処理　60（8）pp.718-721，2019年7月15日

［緒方 2017］緒方広明，大学教育におけるラーニング・アナリティクスの導入と研究，日本教育工学論文誌，Vol.41，No.3，pp.221-231，2017年3月

［緒方 2018］緒方広明，ラーニングアナリティクスの研究動向―エビデンスに基づく教育の実現に向けて―，情報処理，Vol.59，No.9，pp.796-799，2018年9月

［緒方 2021］緒方広明，ラーニングアナリティクス：教育ビッグデータの分析による教育変革，Nectcom，Vol.45，Spring，pp.12-21，2021年9月

［奥山 2021］奥山裕一，間野一則，PBL オントロジーによる PBL 活動分析・可視化の検討，工学教育研究講演会，2B04，pp.148-149，Sep. 2021.

［外務省］SDGs とは？，外務省，https://www.mofa.go.jp/mofaj/gaiko/oda/sdgs/about/index.html，参照日：2022-01-23

［学術会議 2020］日本学術会議 心理学・教育学委員会・情報学委員会合同教育データ利活用分科会，教育のデジタル化を踏まえた学習データの利活用に関する提言　―エビデンスに基づく教育に向けて―，2020年9月30日

［加藤 2014］加藤淳一，烏谷和世，安東正玄，太田仁，蔵城一樹，電子学術書の現在と今後：大学図書館電子学術書協働利用実験の到達点と課題，大学図書館研究 CI，2014年12月

［厚生労働省］VR を用いた安全衛生教育教材，https://youtu.be/H6S9Pl81hI0，参照日：2020-07-04

［教育再 2021］教育再生実行会議 提言，ポストコロナ期における新たな学びの在り方について（第十二次提言），2021年6月3日

［三宮 2008］三宮真知子（編）『メタ認知 学習力を支える高次認知機能』（北大路書房）2008年10月

［島田 2012］島田貴史，慶応義塾大学における電子学術書利用実験プロジェクト最終報告―既刊書・電子学術書の学術利用の可能性―，情報管理，VOL.55，No.5，pp.318-328，2012年8月

［島田 2020］島田敬士，オンライン授業期間中の学習活動分析，https://www.nii.ac.jp/event/upload/20200821-10_Shimada.pdf，第14回4月からの大学遠隔授業に関する取組状況共有サイバーシンポジウム，2020年8月，参照日：2022-04-01

［出版科 2022］出版科学研究所，［特集］2021年出版物発行・販売状況～2021年電子出版市場～，出版月報 2022年1月号

［全国大 2021］第56回学生生活実態調査の概要報告，全国大学生協連，https://www.univcoop.or.jp/press/life/report.html，参照日：2022-01-23

［総務省］総務省 ICT スキル総合習得教材，pp.10-22，https://www.soumu.go.jp/ict_skill/pdf/ict_skill_1_3.pdf，参照日：2022-04-01

［長尾 2021］長尾確，Learning in Metaverse（LiM）：オンライン教育の新しい形，https://www.nii.ac.jp/event/upload/20211119-07_Nagao.pdf，第43回大学等におけるオンライン教

育とデジタル変革に関するサイバーシンポジウム，名古屋大学大学院情報学研究科，2021 年
　　11 月，参照日：2022-04-01

［古川 2020］古川雅子，山地一禎，緒方広明，木實新一，財部恵子『学びの羅針盤―ラーニング
　　アナリティクス』（丸善）2020 年 1 月

［ベネッセ 2008］研究デアリング報告に基づく英国の高等教育改革の進捗状況等及び欧米諸国に
　　おける教育コーディネーターの活用によるキャリア教育推進事例に関する実態調査報告書
　　（英国における高等教育改革動向調査）［2008 年］，ベネッセ教育総合研究所，https://berd.
　　benesse.jp/koutou/research/detail1.php?id=3174，参照日：2022-03-03

［文科省 2021a］デジタルを活用した大学・高専教育高度化プラン公募要領，文部科学省，
　　https://www.mext.go.jp/content/20210115-mxt_senmon01-000012073_2.pdf，参照日：2022-
　　03-17

［文科省 2021b］デジタルを活用した大学・高専教育高度化プラン実施機関の取組概要(1)，文部
　　科学省，https://www.mext.go.jp/content/20210630-mxt_senmon01-000016115_1.pdf.pdf，参
　　照日：2022-03-17

［文科省 2021c］デジタルを活用した大学・高専教育高度化プラン実施機関の取組概要(2)，文部
　　科学省，https://www.mext.go.jp/content/20210630-mxt_senmon01-000016115_2.pdf.pdf，参
　　照日：2022-03-17

［文科省 2022a］デジタルを活用した大学・高専教育高度化プラン，文部科学省，https://www.
　　mext.go.jp/a_menu/koutou/sankangaku/1413155_00003.htm，参照日：2022-01-23

［文科省 2022b］GIGA スクール構想について，文部科学省，https://www.mext.go.jp/a_menu/
　　other/index_0001111.htm，参照日：2022-01-23

［文科省 2022c］読書バリアフリー法の推進について，文科省，https://www.mext.go.jp/a_
　　menu/ikusei/gakusyushien/1421441.htm，参照日：2022-01-23

［文科省 2022d］視覚障害者等の読書環境の整備の推進に関する法律，文部科学省，https://
　　www.mext.go.jp/component/a_menu/education/micro_detail/__icsFiles/
　　afieldfile/2019/09/19/1421444_1.pdf，参照日：2022-01-23

［文科省 2022e］誰もが読書をできる社会を目指して～読書のカタチを選べる「読書バリアフリ
　　ー法」～（啓発用リーフレット），文部科学省，https://www.mext.go.jp/a_menu/ikusei/
　　gakusyushien/mext_01304.html，参照日：2022-01-23

［湯浅 2020］湯浅俊彦，『電子出版概論　―アフターコロナ時代の出版と図書館―』（出版メディ
　　アパル）2020 年 11 月

［湯浅 2021］湯浅俊彦，電子図書館活用型大学 DX の取り組み―追手門学院大学の実践事例，大
　　学図書館研究 119 号，pp.2129-1-2129-11，2021 年 11 月

［渡辺 2020］渡辺幸輝，中川慶人，安藤雅洋，湯川高志，講師の外見を好きなキャラクターに変
　　更した講義における影響の検証，教育システム情報学会 2020 年度北信越地区学生研究発表
　　会，pp.47-48，2020.

［APRIS 2021］http://sigemb.jp/APRIS/2021/，参照日：2022-04-01

［Bandura 1977］Albert Bandura, Self-efficacy：Toward a unifying theory of behavioral change.
　　Psychological Review, 84(2), pp.191–215, 1977.

［Bandura 1995］Albert Bandura, Self-efficacy in Changing Societies, Cambridge University
　　Press, 1995.（本明寛，野口京子監訳，『激動社会の中の自己効力』，金子書房，1997 年 11 月）

[Curry 1983] Lynn Curry, An Organization of Learning Styles Theory and Constructs. ERIC Document 235 185, 1983.

[DeSeCo 2005] Definition and Selection of Key Competencies - Executive Summary, https://www.oecd.org/pisa/definition-selection-key-competencies-summary.pdf，参照日：2022-07-12

[enPiT] 高度 IT 人材を育成する産学協働の実践教育ネットワーク，https://www.enpit.jp/，参照日：2022-04-01

[GAZEBO] GAZEBO, http://gazebosim.org/，参照日：2022-04-01

[Kolb 1984] David A. Kolb, Experiential Learning：Experience as the Source of Learning and Development.. New Jersey, Prentice Hall, 1984.

[Matsuhisa 2021] K. Matsuhisa, Y. Mu, M. Inoue, T. Yokemura, K. Mano, Discussion Visualization and Reflection System to Facilitate Team-Based Learning, SEFI Annual Conference 2021, pp.1454-1457, 2021.

[Microsoft‐AR] https://www.microsoft.com/ja-jp/hololens，参照日：2022-07-04

[Micosoft‐MR] https://www.microsoft.com/ja-jp/hololens/hardware#，参照日：2022-07-04

[Moon 2005] Jenny Moon, Learning through reflection, Guide for Busy Academics No.4. York UK：HE Academy, 2005 年 11 月 28 日

[oculus] https://www.oculus.com/quest-2/，参照日：2022-07-04

[OECD 2019]（仮訳版）https://www.oecd.org/education/2030-project/teaching-and-learning/learning/learning-compass-2030/OECD_LEARNING_COMPASS_2030_Concept_note_Japanese.pdf．参照日：2022-03-02

[ROS] ROS.org, http://wiki.ros.org/ja，参照日：2022-04-01

[SoLAR] What is Learning Analytics? —Society for Learning Analytics Research（SoLAR）https://www.solaresearch.org/about/what-is-learning-analytics/，参照日：2022-03-17

[UN 2015] United Nations, Transforming Our World：The 2030 Agenda for Sustainable Development, United Nations, 2015.

[Seggelen‐Damen 2017] Van Seggelen–Damen, I. C., Van Hezewijk, R., Helsdingen, A. S., & Wopereis, I. G., Reflection：A Socratic approach. Theory & psychology, 27（6），pp.793-814, 2017.

[VR1] VR ビジネス研究会：60 分でわかる！　VR ビジネス最前線（60 分でわかる！　IT 知識），技術評論社，2016 年 11 月 15 日

[VR2] VR の仕組みをわかりやすく解説，https://vrjour.jp/mechanism/#i，2018.1.14，参照日：2022-04-01

[Wikimedia] Wikimedia Commons@Mikepanhu, https://commons.wikimedia.org/wiki/File:Google_Glass_with_frame.jpg?uselang=ja#/media/File:Google_Glass_with_frame.jpg，参照日：2022-07-04

[XR] XR（Extended Reality）の過去から現在，未来までを俯瞰する　～幅広いビジネス分野で活用への期待が高まる XR とは～：https://www.pwc.com/jp/ja/knowledge/column/disruptive-technology-insights/disruptive-technology-insight02.html，参照日：2022-04-01

第4章

大学を変革するフレームワークとシステム

4.1 大規模公開オンライン講座（MOOCs）

　大規模公開オンライン講座は，Massive Open Online Course（MOOC：ムーク），または Massive Open Online Courses（MOOCs：ムークス）の日本語訳であり，インターネット上で大規模に開かれた講座のことをいう。経済状況や年齢を問わず，誰でも，どこからでも，国境も越え，学ぶ意思を持つ人に，高いレベルの教育を提供することを目的として開始された。多くの講座が無料で受講できるが，修了試験や修了証の発行は有料である場合が多い。

　また，2021 年の時点で MOOCs を用いた学士，修士などの学位プログラムが世界で約 70 あり，これらは有料である。

　本節では，MOOCs の概要，国内外の状況を概観し，近年の MOOCs の商業化への大きな変化と今後の方向を述べる。

　MOOCs の本格的な普及は，2012 年からである。同年に米国では，Cousera（コーセラ）[Cousera] がスタンフォード大学により，edX（エデックス）[edX] がマサチューセッツ工科大学（MIT）とハーバード大学により設立された。また英国では，FutureLearn（フューチャーラーン）[FutureLearn] がオープン大学により設立されている。日本では，2013 年に一般社団法人日本オープンオンライン教育推進協議会（JMOOC：ジェームーク）[JMOOC] が設立されている。

　現在，世界各国で多数の MOOCs が運営されており，受講者が複数の MOOCs にまたがって講座を検索，比較して選択することを支援するポータルサイトが Class Central 社により運営されている。Class Central の集計[Class Central 2021] によると，2021 年の MOOCs の受講者数は世界で 2 億 2,000 万人，講座を提供

している大学数は950，講座数は19,400である。コロナ禍をきっかけに，新規の受講者が2020年に6,000万人増，2021年には4,000万人増と急激に増加している。この統計には中国は含まれていない。中国教育省は，2020年の時点で中国のMOOCsの受講者数が延べ5億4,000万人と発表している［AFPBB 2020］。

　MOOCsへ提供している講座の件数が多い世界トップ3の大学は，インド工科大学カラグプル校（456講座），ミシガン大学（400講座），MIT（383講座）であり，米国とインドの大学が講座数の上位校を占めている。インド以外のアジアでは，中国の北京大学の110講座，台湾の国立台湾大学の77講座，韓国の延世大学校の44講座，早稲田大学の34講座がそれぞれの国での最大講座数である［Class Central］。

　MOOCの機能を図4.1に示す。MOOC運営者は講座を所有する大学や企業に対し講座を配信する環境を提供する。そしてMOOCは受講者に対し講座を選択するための情報提供を行い，受講者が選択した講座を配信する。受講者は受講時の質問やテスト，講座評価などのフィードバックをMOOCに送る。MOOCは講座を配信する機能のほかに，講座の認定や質保証，学習支援の研究，国内外との連携機能を持つことがある。

講座の提供

環境の提供

MOOC
運営者

講座の配信

受講，フィードバック

講座の提供者
（大学や企業）

講座の認定・質保証
学習支援の研究
国内外連携

受講者

図4.1　MOOCの機能

　社会での継続的な能力開発の要求に加え，コロナ禍でのテレワークやオンラインでの活動の浸透により，MOOCsに世界的に大きな変化が起きている。社会人を含む受講者の急激な増加，民間から提供される講座の増加，そして商業化であ

る。主要な MOOCs の 2021 年の状況を以下に示す。

1．Cousera

　Cousera は，世界最大の MOOC である。8,470 の講座を持ち，オンラインの学位も得られる。受講者数は約 9,700 万人，261 機関が講座を提供しており，スタンフォード大学，ミシガン大学，プリンストン大学，東京大学などのほかに，Meta，IBM，Amazon，Google などの民間企業も含まれる。

　コロナ禍をきっかけに Cousera の収益は，2019 年の 1 億 8,000 億ドルから 2021 年の約 4 億ドルへと 2 年間で倍増している。新規に提供が開始された講座のうち，企業が提供している講座の割合は，2020 年が 31％，2021 年が 39％と，企業の講座が増加している。2021 年 3 月には，Cousera は規模拡大と資金調達を目的にニューヨーク証券取引所に上場した。

2．edX

　edX は，2021 年には 3,550 の講座をもち，学士，修士の学位プログラムも提供している。受講者数は約 4,200 万人，160 機関が講座を提供しており，それには MIT，ハーバード大学，カリフォルニア大学バークレー校，東京大学，京都大学，早稲田大学，大阪大学，東京工業大学などのほかに，Microsoft，IBM，Amazon，Google などの民間企業が含まれる。

　edX は，付加価値の高いサービスの有料化やマイクロマスター（4.2.3 項参照）やエグゼクティブ・エデュケーション（5.3 節で詳述する）などの有償講座の拡充を進めている。edX は 2012 年の設立から非営利組織であったが，2021 年 7 月に米国の教育テクノロジー企業 2U（トゥーユー）[2U] に 8 億ドルで買収されている。edX の経営は 2U の傘下となったが，非営利の機能は継続されると発表されている。

3．FutureLearn

　英国の FutureLearn は，約 1,400 の講座をもち，オンラインでの学位も得られ

る。受講者数は 1,700 万人，オープン大学，キングス・カレッジロンドン，慶應義塾大学などのほかにアクセンチュアなどの民間企業が講座を提供している。FutureLearn に関して注目すべきところは，新規に提供開始された講座のうち企業が提供している講座の割合は，2020 年が 38%，2021 年が 51% にのぼり，企業提供講座が多く，さらに年々その比率が増加していることである。

　FutureLearn は，有償プランへのアップグレードの必修化を進めており，最初の 2 週間のみ無償として，その後は有償プランに誘導している。

4．Udacity

　Udacity（ユダシティ）［Udacity］は，2012 年に開設された MOOC である。当初は大学の講義の配信が中心であったが，現在は社会人向けの教育に重点をおいている。デジタル技術の講座が中心であり，AI，自動運転などのシステム，ビジネス，クラウドコンピューティング，サイバーセキュリティ，データサイエンス等を対象としている。

　講座は，GitHub，IBM，BMW，Amazon，アクセンチュア，Microsoft などの企業と共同で制作されている。受講者数は 1,600 万人である。また，企業とタイアップして優秀な学生と IT 企業とのジョブマッチングを実施している。

5．JMOOC

　日本の JMOOC は，560 講座を提供している。講座は日本の大学，企業，団体から提供されており，受講者数は 149 万人である。JMOOC は国内の複数の講座配信プラットホームをまとめるポータルサイトの役割を果たしている。

　gacco，OpenLearning, Japan，OUJ MOOC は，JMOOC 公認の配信プラットホームであり，PlatJaM は JMOOC 自身による配信プラットホームである。JMOOC の講座の聴講，履修証明書の発行は無料であり，JMOOC は各大学の講座作成にさまざまなサポートをしている。JMOOC はアジア諸国との連携を進めており，2017 年には韓国の K - MOOC，およびタイの Thai - MOOC と覚書を調印している［深澤 2021a］。

6．SWAYAM

　インド政府は，2017年に国営のMOOCとしてSWAYAM［SWAYAM］を設立している。SWAYAMとは，"Study Webs of Active-Learning for Young Aspiring Minds" の略であり，最も不利な立場にある人々を含め，すべての人に最高の教育学習資源を提供することを目的としている。

　2021年現在で203の機関が5,049講座を提供している。受講者数は2,200万人である。新規の受講者増は2020年，2021年ともに600万人増とCousera，edXに続く人数が過去2年間増加している。

7．中国大学MOOC

　中国は2013年にMOOCs授業を開始している。現在は中国の高等教育協会とNetEaseによって立ち上げられた中国大学MOOC［中国大学MOOC］が，792大学の講座を提供している。2020年の中国からの発表では，中国の講座総数は34,000である。

　MOOCsの運営には，そのビジネスモデルが重要である。米国や英国のMOOCsは営利ビジネス化を進めている。付加価値の高いサービスや，リスキリング目的としたITベンダーの講座を増やし，有料化を進めている。営利事業として株式上場などの手段で資金調達し規模を拡大している。一方で，インドや中国では高等教育政策として国がMOOCsをサポートしている。

　MOOCsは，普及開始の2012年から10年を経て，ビジネスモデルに大きな節目を迎えている。社会的なリスキリングなどのニーズに応え，MOOCsが持続的に発展するためには，以下の取り組みが必要になる。

① 高付加価値のサービスや講座の有償化
② 民間企業（教育やITベンダー）と連携したリスキリングに対応したコンテンツの拡大
③ コンテンツを作成し提供する大学や教員へのインセンティブを設ける。
④ リカレント教育や大学の国際化の視点で高等教育政策にMOOCsを位置付けての支援

4.2 マイクロクレデンシャル

　科学技術の急速な進展や社会における最新の知識・スキルに対する需要の高まり，また人生 100 年時代を迎え，学び直し，継続的な能力開発，リスキリング，アップスキリングが求められている。これに対して修士や学士などの学位プログラムよりも短期間で特定の領域を学び，その学修歴を証明する手段としてマイクロクレデンシャルが世界各国で注目されている。

　マイクロクレデンシャルにより，大学教育やリカレント教育の大きな変革が始まる。学びのプロセスや学位のあり方が変わり，学生の大学間の流動性が高まることも予想される。

　オーストラリアでは，複数のマイクロクレデンシャルを積み重ねることで修士の学位を取得できる大学がある［NIAD 2015, NIAD 2018］。また，米国の MIT をはじめとする複数の大学が修士課程の一部分を，マイクロマスターなどの名称でマイクロクレデンシャル化している［溝上 2021, MITMM, edXMM］。マイクロマスターを取得後に修士課程に入学すれば，単位として認定される仕組みがある。欧州では，マイクロクレデンシャルの質保証の取り組みを開始している［NIAD 2021a］。

　日本では，履修証明プログラム［文科省］がマイクロクレデンシャルの1つとして位置付けられる。現在，履修証明プログラムへの単位授与や認定を行う検討が進められている。

1．マイクロクレデンシャルとは何か

　マイクロクレデンシャルは，「学位取得を目指す学修よりもより細かく区切られた学修単位であり，個別に大学などの主体が認証したもの」である。図4.2に示すように，マイクロクレデンシャルは比較的短い学習期間と負担で，特定のスキルやトピックに重点を置いている。授業方法も対面に限定せず，オンラインやオンラインと対面を組み合わせたブレンド型などの柔軟な授業方法が使われる。

　マイクロクレデンシャルの目的は，継続的な教育の機会を増やすことや，雇用

や昇給に結びつくスキルの獲得やその学修歴の証明である。

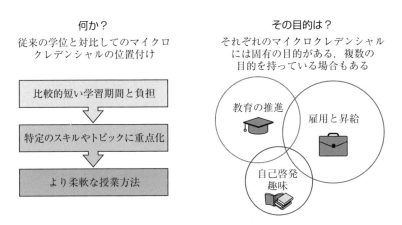

図 4.2 マイクロクレデンシャルとは何か？ その目的は？［OECD 2021］を基に作成（井上）

　マイクロクレデンシャルは，教育プログラム自体と教育プログラムの学修歴の認証という 2 つの側面を持つ。その定義は各国や各教育機関等により異なっており，現在は未だ定まってはいない。例として，ここでは欧州委員会での定義案を示す。欧州委員会では欧州域内でのマイクロクレデンシャルの質保証，相互運用のための制度を検討しており，マイクロクレデンシャルの定義も以下のように体系的である。

　欧州委員会のマイクロクレデンシャルの定義例［OECD 2021］

① マイクロクレデンシャルは，学習者が短期間の学習経験を経て得た学修成果の証明であり，その学修成果は，透明な基準に基づいて審査される。

② マイクロクレデンシャルは，達成した学修成果，評価方法，授与機関，資格枠組のレベル，取得した単位を記載した文書で示される。

③ マイクロクレデンシャルは，学習者が所有し，共有することができ，持ち運びが可能で，より大きなクレデンシャルまたは資格に統合することができる。

④ マイクロクレデンシャルは，合意された基準に従った品質保証に支えられる。

2.　マイクロクレデンシャルに望まれる特性

　OECD では各国や各教育機関を調査し，マイクロクレデンシャルに望まれている特性をまとめている。これを表4.1 に示す。望まれる特性とは，まず第一に，対象が重点化されていること，教育の期間が短期であること，学ぶ順番や時期が柔軟であること，複数のマイクロクレデンシャルをまとめて，より大きなマイクロクレデンシャルを構成することができることである。

　次に，学修成果が評価されること，教育プログラムやその提供機関に対して外部評価が実施されること，高等教育機関での学習に対しては，単位として取得後にほかの高等教育機関で単位認定ができること，学習の負荷が学習時間で示されることである。

　そして第三に，マイクロクレデンシャルが各国の質保証のフレームワークに位置付けられ，マイクロクレデンシャルの設計や承認に対して産業界，雇用者が役割を果たすこと，昇給や就職の際に使われること，学習者自身がマイクロクレデンシャルをデジタル化した学修歴の所有者であり，デジタル化された学修歴を記録するベンダーに拘束されないことである。

　現時点で，これらのマイクロクレデンシャルに望まれる特性のすべてが実現されているわけではない。むしろ実現されていない多くの部分が課題として認識されている。

表4.1　マイクロクレデンシャルに望まれる特性　　　[OECD 2021] を基に作成（井上）

対象が重点化されている	短期	フレキシブル（学習の順番と時期）	重ねて大きくできる（同一機関内）
学修成果が評価される	プログラムや機関に対する外部評価の実施	持ち運び可能（ほかの大学の学修プログラムに適用できる）	学習時間が単位で表示される
各国の質保証を基盤にする	マイクロクレデンシャルの設計／承認に雇用者（産業界）が役割を果たす	賃金と職業（就職）申告に用いる	学習者がデジタル証明の所有者であり、発行者に拘束されない

3．マイクロクレデンシャルの提供者と提供方法

　マイクロクレデンシャルの提供者は，大学等の教育機関や民間の研修会社，ベンダーなどの教育以外民間企業，ブリティシュ・カウンシルや国際労働機関（ILO）などの機関，学協会などと幅が広い。また，その教育の提供方法は，教室での対面授業，教育提供者が直接実施するオンライン教育，MOOCsなどを用いたオンライン教育，それらを組み合わせたブレンド型教育がある。

　コロナ禍の2020〜2021年に，MOOCsなどの教育用プラットホームの利用が急速に増加している。例えば，Coursera の提供するマイクロクレデンシャル数は2020年5月に400件を超える程度だったが，2021年5月には35％増加し，600件に近づいた。

　edX Professional の提供するマイクロクレデンシャルは，2020年5月に100件を超える程度だったが，2021年5月には84％増加し，約200件に到達した［OECD 2021］。

　マイクロクレデンシャルで提供されている教育内容は多岐にわたるが，人気の高い MOOCs 講座は，IT を中心とするテクノロジーとビジネス分野であり，マイクロクレデンシャルもその分野の比重が大きい。

4．マイクロマスタープログラム

　マイクロマスター（MicroMaster）とは，修士課程の教育プログラムの一部をマイクロクレデンシャルとして実施する教育プログラムである。修士の学位は授与されないため正式の学位プログラムではない。しかし，マイクロマスターのマイクロクレデンシャルを取得後に当該大学の修士課程に入学すると，そのマイクロクレデンシャルが修士課程の単位として認められ，修学期間や取得すべき単位が軽減されることがある。

　MIT のマイクロマスタープログラム［MITMM］には，サプライチェーンマネジメント，データ・経済・開発政策，ものづくりの原理，統計学・データサイエンス，ファイナンスなどの専攻が設けられている。

　修士レベルの科目が edX や MITx Online などを用いてオンラインで学ぶこと

ができる。修了後に MIT の修士課程に進学すれば学位を構成する単位として認められる。また，マイクロマスターの修了者は，MIT の同窓会の一員になることができる。

　MOOC の edX が，MicroMasters Program［edXMM］を開始してから 2021 年で5年を経ている。2021 年 12 月には世界各国の大学が約 60 のマイクロマスターを提供している。米国だけでなく，欧州，豪州，香港，インド，メキシコの大学もオンラインのマイクロマスタープログラムを開始している。

5．マイクロクレデンシャルの学習時間および学位などとの接続

　現在各国に存在しているマイクロクレデンシャルの単位数は，多様ではあるがおおむね1科目相当以上，1年間以下の学習時間に相当している。欧州委員会から資金提供を受けた MICROBOL プロジェクトの調査の結果では，25 カ国にマイクロクレデンシャルが，存在している［MICROBOL 2021, NIAD 2021b］。

　その単位数は，ECTS（European Credit Transfer and Accumulation System：ヨーロッパ単位互換制度）で5〜60 ECTS の間に大部分が入っている。1年間のフルタイムでの学習が 60 ECTS とされており，欧州のマイクロクレデンシャルの最大値は，おおむね1年以下の学習時間となっている。

　ニュージーランドでは，高等教育レベルの 5-40 単位の学修をマイクロクレデンシャルとして，2018 年より正規教育に位置付けている［NIAD2018］。米国のマイクロクレデンシャルは，民間から提供されているものを含めると多様であるが，高等教育機関で提供されているマイクロクレデンシャルの学習時間は，おおむね1科目以上で学位未満である。

　マイクロクレデンシャルは学位よりも小さな学修単位であり，この学修単位に証明が行われる。その一方でマイクロクレデンシャルが学位などにつながる形態もある。学位につながる形態は，以下の3種類に分類される（図 4.3）。

　(a)　**内包モデル**　マイクロクレデンシャルが学位課程などの一部として設計されており，マイクロクレデンシャルを得た後に，学位課程などに入学することで学位を取得できる。MIT のマイクロマスタープログラムなどがこれ

に該当する。

(b) **既習学修の認定** マイクロクレデンシャルを得た後に，学位課程に入学し，マイクロクレデンシャルを学位課程などの単位として認定を受ける。この形態では，マイクロクレデンシャルを発行した機関と学位課程を提供する機関が異なってもよい。このためには，マイクロクレデンシャルの質保証の枠組みや教育機関間でのマイクロクレデンシャルの認定の仕組みが必要になる。

(c) **モジュール** 高等教育機関が学位課程を複数のモジュールに分割し，各モジュールに対しマイクロクレデンシャルが発行される形態である。学習者が同一の高等教育機関内で複数のモジュールを学修し，その結果，学位を取得する場合は，(a)の内包モデルと類似の形態になる。

一方で，モジュールが複数の高等教育機関にまたがる場合は，(b)の既習学

1. 内包モデル

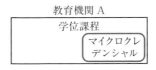

2. 既習学修の認定

3. モジュール

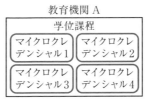

図 4.3 学位に繋がるマイクロクレデンシャルの形態

修の認定と同様にマイクロクレデンシャルの質保証の枠組みや教育機関間での マイクロクレデンシャルの認定の仕組みが必要になる。

6．日本における履修証明制度と今後

　社会人などの多様なニーズに応じたさまざまな分野の学習機会の提供を促進するため，平成19年（2007）の学校教育法の改正により履修証明制度が創設された。各高等教育機関が，社会人などの学生以外の者を対象とした一定のまとまりのある学習プログラム（履修証明プログラム）を開設し，その修了者に対して法に基づく履修証明書（Certificate）を交付できる。学習の期間は，目的や内容に応じて総時間数60時間以上で，各大学などにおいて設定する。

　また，令和元年（2019）8月13日に開始された履修証明プログラムより，履修証明プログラムに対して単位認定が可能になった［文科省］。現在，大学院が設置する履修証明プログラム全体に対して単位授与を可能とする省令の改正が検討されている［文科省2021］。これが実施されると履修証明プログラムを大学院での学位取得に活用できるようになる。

7．マイクロクレデンシャルの特徴と活用

　受講生の立場でみると，マイクロクレデンシャルは職業や就職に直接役立ち，費用が少なく，期間も短く有利な点が多い。マイクロマスターなどのプログラム修了者は当該大学の修士課程に進学し，単位の認定を受ける仕組みがあり，将来の修士の学位取得を目指す場合にも有効である。

　また，大学の立場でみると，マイクロクレデンシャルは新しい教育プログラムとしての新事業の機会であり，18歳人口が減少する中でリカレント教育での収入増につながる。また，マイクロマスタープログラムは，優秀な学生を世界各国から早期に獲得する手段としても位置付けられる。

　世界各国のトップ校が先行してマイクロマスタープログラムを立ち上げており，社会人学生が特定の大学に集中する状況が生まれる可能性がある。日本国内の大学ではまだマイクロマスタープログラムが存在しておらず，早い立ち上げが期待

される。

　マイクロクレデンシャルは，大学間での連携や国際的な大学間の連携，産学連携でリカレント教育を実施する場合の媒介として活用することができる。図 4.4にそのモデルを構想として示す。

　例えば，日本の A 大学が IoT やロボティクスなどの複数科目で構成される教育プログラムを提供し，インドの B 大学が AI やデータサイエンスなどの科目からなる教育プログラムを提供し，インドネシアの C 大学が DX に関する複数の科目からなるプログラムを提供し，タイの D 大学がマネジメントに関する複数科目からなるプログラム提供する。それぞれの大学は，そのプログラムに対しマイクロクレデンシャルを発行する。受講生は，複数の大学のプログラムをオンラインやブレンド型で学び，マイクロクレデンシャルを取得する。

　受講者は，マイクロクレデンシャルを取得後にいずれかの大学の修士課程に進学すれば，単位互換制度を使い修士課程の単位として認定される。複数のマイクロクレデンシャルをまとめる質保証の仕組みを経て，修士の学位が授与される。

　図 4.4 に示す連携のモデル［井上 2021］では，講師は各国の大学の教員に，産業界の連携企業のエキスパートが加わる。受講者もフルタイムの修士課程の学生と企業に勤務している社会人など，年齢や文化を含めた多様性が特徴になる。このようなエコシステムの実現は，高い能力を持ちグローバルに活躍できる人材の育

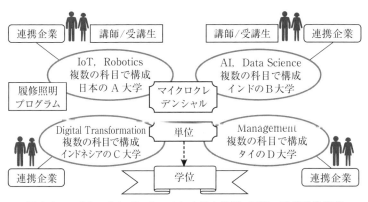

図 4.4　マイクロクレデンシャルによる大学間，国際，産学連携教育

成に寄与するとともに，大学の価値を高め，収入増にもつながる。

8．マイクロクレデンシャルの課題

　次に，マイクロクレデンシャルの課題について述べる。学士や修士などの伝統的な学位に対しては国の制度があり，質保証機関によって外部評価等の質保証が行われている。また国をまたがった単位の認定の仕組みも構築されている。一方で，マイクロクレデンシャルには，質保証の仕組みがいまだ整っていない。プログラムの認定やほかのプログラムのマイクロクレデンシャルと合わせて大きなマイクロクレデンシャルに形成する場合に，必要な体系の構築が必要になる。

　また，ひとつの大学で取得したマイクロクレデンシャルをほかの大学で単位として認定し，修士などの学位に必要な単位とする場合の質保証の仕組みが必要になる。さらに民間の研修機関やITベンダーなどの企業が発行したマイクロクレデンシャルを大学が単位としてどのような仕組みで認定するかも課題になる。

　これらの課題の検討と解決に関して，欧州では域内の各国での相互運用ができる仕組みの検討を開始している［MICROBOL 2021］。アジアでは現時点で，マイクロクレデンシャルの質保証や相互認証の仕組みが存在していない。

　日本がマイクロクレデンシャルの質保証や相互認証を検討する際には，リカレント教育を必要とする産業界が連携する重要な地域としてアジア太平洋地区，特に東南アジアとの連携による質保証の仕組み作りが重要である。その意味で，図4.4に示したエコシステムを実現する際の具体的な課題を，ビジネスモデル，各国の法制度，大学や企業の連携のモデルとその具体的なメリットと課題，実施運営する際の体制整備などの課題を体系的に整理し設定しての検討が必要になる。

9．マイクロクレデンシャルとその記録手段の関係

　本節で述べたマイクロクレデンシャルと記録手段との関係を図4.5に示す。学修歴は本節で述べたマイクロクレデンシャル以外に，伝統的な学修歴である学士や修士などの学位がある。これらの学位はマイクロクレデンシャルが小さな学修単位であるのに対し，大きな学修単位であり「マクロ・クレデンシャル」と呼ば

れることがある。

　学位を記録し証明する手段としては，学位記や卒業証明書の書面で記録表示する方法とデジタル証明を用いる方法がある。学士，修士などの学位を記録し表示する手段として従来は書面が使われてきた。現在世界各国では，卒業証明などはデジタル証明に移行しており，2021 年から日本でも一部の大学でデジタル化が開始されている。

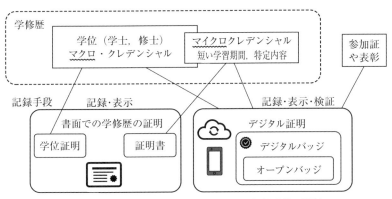

図 4.5　マイクロクレデンシャルとその記録手段の関係

　マイクロクレデンシャルの教育プログラムやその学修歴証明を示し，学修歴を記録する手段として書面を用いる方法とデジタル証明を用いる方法がある。多くの国や機関がマイクロクレデンシャルに対してデジタル化された学修歴証明を発行している。マイクロクレデンシャルが MOOCs などを含むオンラインでの学習によって提供される場合が多く，デジタルによる証明書発行がなじむことによる。

　図 4.5 に示すようにデジタル証明は，広い概念であり，証明書を PDF などの電子ファイルとして発行したものから，スキル，コンピテンシー習得の証明として，さまざまな資格や試験，マイクロクレデンシャルなどをデジタル証明／認証したデジタルバッジ（Digital Badges），さらにはデジタルバッジを世界標準規格化し，ブロックチェーン技術などを取り入れた改ざんできない強固なデジタル

証明書であるオープンバッジ（Open Badges）[Open Badges] に分類される。集合
関係で示すと，デジタル証明の1形式がデジタルバッジであり，デジタルバッジ
を標準化した技術の1つがオープンバッジである。

　デジタル証明はマイクロクレデンシャルの証明以外に，参加証や表彰，資格証
などの発行に広く用いられている。このような学修歴デジタル証明の動向に関し
ては次節で述べる。

4.3　学修歴デジタル化とデジタル証明の動向

　本節では，1．学修歴デジタル化の目的とその分類，2．学修歴デジタル証明
の分類と標準化動向，3．学修歴デジタル化の各国の取り組み状況，4．学修歴
デジタル証明の真正性確認と実装，5．学修歴デジタル化の実施状況，6．日本
における大学での学修歴デジタル証明の導入遅れの原因と対応，7．学修歴デジ
タル証明の今後，について述べる。

1．学修歴デジタル化の目的とその分類
　従来，学修歴の証明は，卒業証明書や学位証明書など，紙の学修歴証明書が利
用されてきた。しかし，紙の証明書には下記に示すように，特に海外において問
題が多い。
　　①　偽物の学位証明書の発行が横行し，その真贋判定に手間がかかる。
　　②　大学にとって学位証明書の発行や送付・受理手続きが煩雑である。
　　③　学生にとって学位証明書の取得や送付が煩雑である。
　例えば，ディグリーミル（Degree Mill）またはディプロマミル（Diploma
Mill）といわれる学歴詐称のために，偽物の卒業証明書を発行するビジネスがあ
り，クレジットカードさえあれば，数日で偽物の卒業証明書が発行され，その大
学名も非常に紛らわしいものである（図4.6）。
　インターネットを検索すると，偽物の卒業証明書を発行する会社が非常に多く

あり，発行会社一覧も検索できる。さらに大学の中には立派なホームページではあるが，単位取得は簡単なレポートだけで授業料も安く，さらに偽物の大学認証機関を表示し，学位証明書を発行している大学もある。

このような偽物の大学や偽物の大学認証機関の一覧も検索することができる [DiplomaMills 2022]。これら偽物の学位証明書が出回っているために，留学や就職に際して提出する学位証明書の真偽を判定する事務処理は非常に煩雑で，各国にその判定や資格評価を行う組織があり，日本にもそういった組織がある [アジア学生 2021]。また，大学にとって紙の学位証明書の事務作業は煩雑であり，学生にとっても紙の学位証明書を取り寄せる作業は，手間と時間がかかる。

紛らわしい大学名	偽物の大学名 Columbia State University University New Castle …	本物の大学名 Columbia University University of Newcastle …
Degree Mills の宣伝	「博士は 599 $，カード決済なら5日で完成」 虚偽学位業者，米に数百社以上	
Degree Mills と疑われる大学のリストを掲示しているサイトの例 ※Degree Mills：学歴詐称のために Diploma（卒業証明書）を発行するビジネス。Diploma Mills ともいう。		

図 4.6　学歴履修証明書偽造の状況 [Diploma Mills 2022]

これらの理由から海外の大学では，紙の学位証明書に代わって学修歴デジタル証明が発行されており，企業では社内研修や資格試験などでも発行されている。学位証明書などに代わる学修歴デジタル証明は，改ざんすることができず，デジタルの特性からオンラインでのアクセスや共有ができる。紙の学修歴証明書の課題解決に加え，表 4.2 に示すように多くの利点を持っている。

表4.2 学修歴デジタル証明のメリット

学修歴デジタル証明のメリット	説明
(a) 学修歴の真正性保証による Degree Mill への対策	学修歴デジタル証明は改ざんができず，発行元も保証できる。
(b) 事務の効率化と生産性の向上	学修歴デジタル証明は，印刷，郵送などの手間がかからない。
(c) オンラインでのアクセスによる携帯性・利便性の向上	スマートフォンやパソコンなどから学修歴デジタル証明に簡単にアクセスし，内容確認や送付を行うことができ，学修歴デジタル証明を受け取った大学や企業もオンラインでその真正性を簡単に確認することができる。
(d) グローバルでの留学や就職に有効	学修歴デジタル証明はグローバルに通用する証明であり，保有者には，留学や就職において，グローバルに活躍できる道が開かれる。
(e) 大学と企業間の連携強化	学修歴デジタル証明の発行により，企業が発行する研修や資格の学修歴デジタル証明を大学の履修単位に組み入れる可能性を開き，企業と大学間の連携を強化できる可能性がある。
(f) 生涯教育やリカレント教育の促進とキャリアアップへの活用	学修歴デジタル証明は，生涯に渡って学修歴や職歴なども蓄積できるので，生涯教育やリカレント教育を促進し，キャリアアップに活用できる。
(g) 学習者のモチベーションアップやキャリアに対する意識向上	学修歴デジタル証明はデジタルバッジなどの形で公開できるので，自己顕示欲を満たし，デジタルバッジを集めるゲーム性は学習者のモチベーション向上やキャリアに対する意識向上に繋がる。
(h) 発行組織のブランド力向上やマーケティング力向上	学修歴デジタル証明は発行組織の信用を高め，ブランド力やマーケティング力の向上に繋がる可能性がある。

2．学修歴デジタル証明の分類と標準化動向

　学修歴デジタル証明の表示形式は，オープンバッジを代表とするデジタルバッジ形式や PDF ファイルを用いた紙の表示形式と同様の表示形式があり，デジタ

ル証明は学修歴の証明だけでなく，研修修了証，参加証，資格認定証などさまざ
まな修了履歴のデジタル証明にも使われている。図 4.7 に IACET（国際生涯教
育訓練協会）が提案するデジタルバッジの使用用途による分類案を示す［IACET
2018］。

IACET によるバッジ分類						
Style	Association		Learning		Competence with Validation	
Type	Participation Badge	Contribution / Recognition Badge	Grade-Based Badge	Level / rogram Badge	Performance Badge	Certification/ License Badge
Description	イベント（プロフェッショナル・ディベロップメント，教室またはオンライン学習など）に参加しているが，学習成果の評価を受けていない。	表彰，チームやプロジェクトの一員として，顕著な貢献をした。	学習の単位の修了を認定する。認定の例としては，大学の単位，CEU，大学の単位以外の学習がある。	学習プログラム（または学習レベル）の全体または一部に対して単位を取得したことを示す。より大きな学習目標を達成するための励ましのたにも使用できる。このバッジが，すでに取得しているバッジや今後取得バッジとどう関係し，また適合するかを示す必要がある。	高難度の環境でスキルを実証した場合。パフォーマンスを示したことを示す。教員や試験官よる評価による。	当該の知識領域において能力を実証した場合。教員や試験官による評価や，認証・免許取得の要件を満たすそのほかの文書（職務経験，学歴など）を添付する必要がある。

図 4.7 IACET（国際生涯訓練協会）が提案する使用用途によるデジタルバッジの分類案 ［IACET 2018］

図 4.8 に，資格を認証したデジタルバッジの例を示す。

この学修歴デジタル証明の必要性に関して，2012 年に各国の代表者や企業の
代表者 13 人がオランダのフローニンゲン（Groningen）で会議を行い，フロー
ニンゲン宣言を発表した［Groningen 2013］。この宣言の目的は，「学生の学修歴・
成績・資格などのデータ閲覧や電子データの携帯を可能にし，世界中の市民の学
習・就転職の移動性を向上させる世界市民のための電子学生データ・エコシステ
ムの構築」であった。

この宣言が目指す学修歴デジタル証明の国際的なエコシステム構築の実現に向

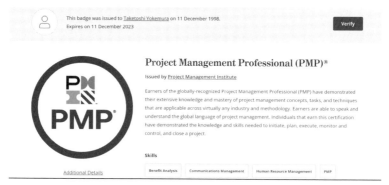

図4.8 資格を認証したデジタルバッジの例

け，フローニンゲン宣言ネットワークという，オランダの教育文化科学省行政機構（DUO：Dienst Uitvoering Onderwijs）に事務局を置く国際機関が活動しており，2022年7月現在，30カ国110以上の機関が加盟している。

　オープンバッジの歴史は，Open Badges 2020にまとめられている。これによると，オープンバッジの概念は，2010年にErin Knightほかにより書かれたホワイトペーパー「Open Badges for Lifelong Learning」［OpenBadges 2012］にさかのぼる。

　2012年にはMozillaが開発したオープンバッジの基盤システムのベータ版が公開され，2013年に標準規格Open Badges 1.0がリリースされた。その後，2017年にオープンバッジの維持管理は，Instructional Management Systems（IMS）Global Learning Consortiumに引き継がれた。IMSはオープンバッジの標準化やオープンバッジを実装したシステムの認証を行っており［OpenBadges 2021］，2022年7月現在，オープンバッジ標準はV2.1であり，認証されたシステムは27，発行されているオープンバッジの数は4,300万個を超えている。

3．学修歴デジタル化の各国の取り組み状況

　世界各国では偽物の学歴証明書が広く出回っていることもあり，国や地域のよる濃淡はあるが，図4.9に示すように，世界42か国以上で学修歴のデジタル化

の取り組みが進んでいる［中崎 2020，芦沢 2021，日比谷 2020］。しかし，日本では組織的な動きが低調である。

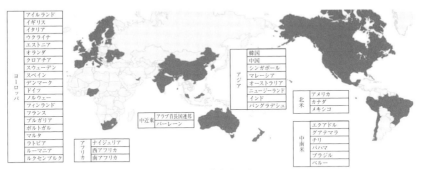

【注】フローニンゲン宣言ネットワーク，ARUCC 事例調査により確認された実装国のみ記載．網羅的ではない．

図 4.9　世界の学修歴デジタル証明発行の状況［芦沢 2021］

　学修歴デジタル化を実現するアプローチを考える軸として，その実現を先導する推進組織と，学修歴のデジタル化をどのように導入するかの導入形態がある。推進組織として，政府主導，大学連盟主導，個別大学主導の形態があり，導入形態として，中央で集権管理する形態，教育機関の判断に依存する形態，個人の判断に依存し個人が所有する形態がある。図 4.10 にデジタル学修歴の導入をどのような形態で進めているか，各国の取り組み状況を示す［中崎 2021］。

　ここでいくつかの国の状況を述べる［中崎 2021］［原本の電子化 2017］。

(a)　**オーストラリアとニュージーランド**　　推進組織はオーストラリアの大学連合（Universities Australia）であり，デジタル学位証明や成績証明は，My eQuals というサービスを利用し PDF の形態で提供されている。このサービスは，2017 年 4 月から開始され，2022 年 7 月現在，65 の高等教育機関が利用しており，その証明書は 135 か国で受理されている。学修歴デジタル証明発行システムは Digitary 社のものを使用している。

(b)　**オランダ**　　政府が管理する Diplomaregister というデータベースに国民の中等教育，職業教育，成人教育，高等教育のデータが登録されており，最長 60 年間保存されている。このデータベースは，2012 年から運用されてお

		導入形態		
		中央で集権管理	教育機関の判断に依存	個人の判断に依存し個人所有
推進組織	政府主導	中国 フィンランド ノルウェー オランダ ほかに，アルゼンチン，ウクライナなど		シンガポール マルタ
	大学連盟主導	スウェーデン フランス	オーストラリア カナダ ニュージーランド イギリス	
	個別大学主導		アメリカ インド イタリア ドイツ	

図 4.10　世界の学修歴デジタル証明の取り組み状況 ［中崎 2021］

　り，フローニンゲン宣言ネットワークの設立につながっている。

(c)　**アメリカ**　　主に商用のシステムを利用し大学個別で学修歴デジタル証明の発行に取り組んでいる。MIT をはじめ，ハーバード大学，ペンシルバニア大学，イリノイ大学など，何らかの形で全米 85％以上の大学が学修歴デジタル証明を扱っているといわれている。

(d)　**中国**　　政府主導，中央で集権管理する形態であり，中国高等教育学生情報キャリアセンター（CHESICC：China Higher Education Student Information and Career Center）が，2001 年から高等教育の学歴の電子登録制度を開始し，中国高等教育学生信息網（学信網）という名のウェブサイトで資格と授与者の照合のほか，取得した資格や成績の証明書発行も行っている。2019 年から紙の学修歴証明書の廃止が発表されている ［QAUPDATES 2019］。

4. 学修歴デジタル証明の真正性確認と実装

学修歴デジタル証明の真正性の確認方法には，以下のような方法がある。

(a) **PDF に記載されたコードを使う方法**　PDF の履修証明を受け取った相手は，直接認証サイトにアクセスし，PDF に記載されたコードを使用してその真正性を確認する。

(b) **PDF に埋め込まれたデジタル署名を使う方法**　学生は認証サイトにアクセスすると，自分の持つデジタル履修証明の一覧を見ることができる。デジタル履修証明の元データは PDF から作成されている。相手に送りたいデジタル履修証明を選択し，それを共有したい相手にメールなどで送り，別途開封のためのパスコードを相手に送ることで，相手は紙の履修証明と同じフォーマットのデジタル履修証明書を見ることができ，その真正性を確認することができる。

認証サイトに登録した PDF には，PDF のデジタル署名規格に基づくデジタル署名情報が埋め込まれ，PDF 単体でも改ざんの防止や，その真正性が保証されている。この方法は，従来の紙の学修履修証明書に使用した PDF を使うことができるため，PDF を発行する事務処理プロセスに変更が少なく導入しやすい。また，PDF 単体でも印刷や配布などができるメリットがある。

(c) **デジタルバッジを使う方法**　学生は認証サイトにアクセスすると，自分の持つデジタルバッジの一覧を見ることができる。相手に送りたいデジタルバッジを選択し，それを共有したい相手にメールなどで送ると，相手はデジタルバッジの真正性を確認できる。デジタルバッジはブロックチェーンを使用しており，変更履歴のトレースができ，改ざんができない特徴がある。

デジタルバッジは，Twitter，Facebook，LinkedIn に表示したり，email にリンクを貼ったり，HTML のコードや JSON 形式で扱ったり，png の画像として扱うなど，多くの方法で共有することができる。

学修歴デジタル証明を扱う企業は，上記のような方法で学修歴デジタル証明発行システムを開発しサービスを提供しており，企業や大学はそれらのサービスを

利用している。

　大学では，Digitary 社の Digitary CORE プラットフォームが使用されている
割合が高く，オーストラリア，ニュージーランド，カナダ，アメリカ，EU 諸国，
インド，中国，中東の高等教育機関で使用され，相互接続されている。表示形態
としては，PDF が使われている場合が多い。

　IBM，Google，Microsoft，Amazon など多くの企業では，Credly 社の
Acclaim システムが使用される割合が高く，表示形態はデジタルバッジである。
なお，学修歴デジタル証明を発行するシステムは，PDF とデジタルバッジでの
発行に対応しているシステムもあり，必要に応じて発行方法が選択されるケース
もある。

　2016 年に MIT と Learning Machine 社は，学修歴デジタル証明を発行，検証
するブロックチェーンを用いた Blockcerts というプラットフォームの開発を始
めた。このプラットフォームはオープンソースであり，ライブラリ，ツール，モ
バイル・アプリケーションで構成され，各組織の環境に適した学修歴デジタル証
明を発行するシステムを開発することができる。

　2018 年には高等教育における標準のプラットフォームとなることを目指し，
MIT を中心に，5 か国 11 大学が集まって Digital Credentials Consortium
（DCC）という団体を設立した。MIT では 2018 年からこのシステムを使って学
修歴デジタル証明を発行している。ほかにもメルボルン大学，バーレーン大学，
ハーバード大学など 20 以上の大学や，マルタ共和国などいくつかの国の機関に
も採用されて開発・実証実験が行われており，高等教育における標準プラットフ
ォームとなる可能性を秘めている。

5．学修歴デジタル化の実施状況

　欧米の多くの企業は，デジタルバッジを導入している。企業にとって学修歴の
デジタル化やデジタルバッジの導入は，下記のような多くのメリットがある。

　(a)　**自社の社員の持つスキルを可視化**　　社員のデジタルバッジの取得状況を
　　可視化し分析することで，自社の社員が持つスキル状況を可視化できる。さ

らに，近年の技術の急速な変化により，社員の持つ技術と事業で必要とされるスキルにギャップが生じている場合も多く，自社に足りないスキルや，社員のキャリアアップに必要なスキルの習得を促すことができる。企業によってはスキル習得を体系化し，昇給・昇進などの条件にしているところもある。

(b) **社員のモチベーションを上げる**　　デジタルバッジを収集するゲーム性やバッジの数による自己顕示欲により，社員の学習意欲やモチベーションを高められる可能性がある。

(c) **自社の資格認定試験の人気を上げ，自社の市場を拡大**　　大手 IT 企業の多くは，自社の製品に対する資格認定試験を実施しており，合格者に対してデジタルバッジを発行している。この理由は，資格認定者はデジタルバッジを勲章のように誇示でき，転職などの際に有利に利用できるため，デジタルバッジを取得するモチベーションを高めることができるためである。さらに，企業にとっては，資格認定者を増やすことで自社製品の市場拡大やサポート基盤の拡充を図ることができ，有効なマーケティング手法として活用できるためである。資格認定のデジタルバッジを取得することにより予測される給与額を示し，受験を促している企業もある。

(d) **資格証明の発行コストが劇的に下がる**　　紙で資格証明書を発行すると，その印刷，配布などの事務コストが非常にかかる。個人情報の確認作業にも手間がかかる。デジタルで資格証明を発行すると，事務コストを劇的に下げることができる（90％以上，下がる例もある）だけでなく，個人情報に関わるリスクを大きく下げることができる。

これらのことは企業だけでなく，資格発行団体でも状況は同じであり，日本でも多くの企業，団体で学修歴デジタル証明の導入が進んでおり，今後，急激な拡大が見込まれる。

日本の大学での導入事例として芝浦工業大学の例をあげる。芝浦工業大学では 2021 年 10 月から卒業（見込）証明と在学証明に対するデジタル証明の発行が開始された。これらデジタル証明は，以下のような理由から PDF 形式が選択された。

(a) **日本はまだまだ紙文化**　　例えば，受け取り側の都合として，企業は就職時に紙の証明書を求める。大学でも教員の研修出張精算時に紙の研修修了証を証拠として提出する必要があり，役所関係も紙の証拠書類の提出を求める。コロナ禍でやっと PDF での提出が認められるようになったが，日本には紙の証拠書類を求める文化が根強くあり，紙の置き換えである PDF で学修歴証明を扱える方法を選択した。

(b) **大学内で学修歴証明のデジタル化の必要性を説明**　　デジタルバッジの導入では，「デジタルバッジとは」から説明する必要があるが，PDF を使った学修歴証明のデジタル化の説明は，非常に説明しやすく賛同を得やすい。

(c) **PDF の真正性の証明や改ざん防止のデジタル署名の機能**　　PDF 単体でハードディスクへの保存や送付，印刷などもできるため，既存の業務への影響も少なく，紙文化との親和性も高い。

　芝浦工業大学は学内にシステム開発できる技術力を有しており，PDF で学修歴証明を発行するために学内の教務システムと Digitary 社とのシステム連携を学内で開発している。このため，一部の学科や授業だけでなく，全在校生に対して卒業（見込）証明書と在学証明書のデジタル証明を発行できる。今後，デジタルバッジも並行して発行することや，卒業生に対する発行，ブロックチェーン，海外の大学との連携などにも対応していくことが計画されている。

6．日本における大学での学修歴デジタル証明の導入遅れの原因と対応

　これまで述べてきたように，世界では学修歴デジタル証明は急速に普及している。日本でも学科や授業単位で導入されている事例が増えているが，芝浦工業大学のように全在校生に対するデジタル証明に積極的に取り組んでいる大学は少数にとどまり，全体として学修歴デジタル証明導入のスピードが速いとはいえない。これは以下の理由が考えられる。

(a) **日本の大学全体に対して，その導入をリードする組織**　　日本の国家行政におけるデジタル技術導入の遅れが認識されている。同じ状況は学修歴デジタル証明の導入にも当てはまり，教育の国際競争力の強化を目指して国が主

導的に導入を進めるという状況になっていない。個々の大学が学修歴デジタル証明の導入に積極的に取り組むことが期待されるが，以下の(b)や(c)の理由からそのような状況にもなっていない。

(b) **大学にとって学修歴デジタル証明を導入するモチベーション**　グローバルから留学生を受け入れたり，グローバルに活躍する学生の育成を重点施策としていたり，海外の大学と連携の深い大学，例えば芝浦工業大学や国際基督教大学（ICU）などの大学は，学修歴デジタル証明の導入に積極的である。一方で，学生の多くが日本人であり就職先も日本企業である場合や，海外の大学との連携もあまりない大学の場合，学修歴デジタル証明の導入のメリットはあまりなく，その導入には消極的であると考えられる。

(c) **PDF の学修歴デジタル証明を発行するための大学内の障壁**　日本はまだまだ紙文化である。このため，大学では PDF での学修歴デジタル証明の発行が好ましい。全学的に PDF での学修歴デジタル証明をシステム化するには，自学の教務システムと学修歴デジタル証明発行会社のシステムを連携する必要がある。しかし，このような新規の取り組みに対し大学内の関係者の合意を取り予算を獲得する障壁は高く，また，自学でシステム開発を行う技術力を有する大学も少ない。

今後，この状況は徐々に変わっていくと予想される。今後，企業での学修歴デジタル証明の導入が進むと，就職活動でも学修歴デジタル証明が求められるようになり，この流れが大学での学修歴デジタル証明の導入を加速するのではないかと考えられる。

さらに，企業が提供する資格や研修の学修歴デジタル証明を大学の単位につなげることが検討されており，この流れも大学での学修歴デジタル証明の導入を加速するのではないかと考えられる。また，文科省のオンライン国際教育プラットフォーム「Japan Virtual Campus（JV‒Campus）」事業として，マイクロクレデンシャルの提供が計画されており，これをきっかけに学修歴デジタル証明導入が加速されると期待される。

7．学修歴デジタル証明の今後

　学修歴デジタル証明は，以下のような大きな社会変革を起こす可能性を秘めており，すでにその変化の兆候が起こっている。

　教育でのICT活用の国際標準化を推進する団体であるIMSは，大学内の教育の高度化や大学経営の効率化だけでなく，大学間のシステム連携も目指している。今後，大学間のシステム連携が進み，さらに，学修歴デジタル証明の大学間，企業間，大学・企業間での相互認証が始まると考えらえる。

　学生は国内外の他大学で単位を取得したり，企業で取った学修歴デジタル証明を大学の単位認定の手段として使用できるようになる。このような状況では，学生はほかの有名大学で取得した単位を自分の属する大学の単位に組み入れて卒業できるようになったり，企業に学修歴デジタル証明で自分の実力を提示できれば就職できるようになり，大学を卒業する意味が薄れてしまうことが予想される。このため，個々の大学の存在意義，アイデンティティの確立がより重要になることが考えられる。

　学修歴デジタル証明の考え方は，職歴のデジタル化にも適用でき，これらがシームレスに統合されると生涯学習・職歴記録となる。米国では生涯にわたる電子健康記録（Electronic Health Record：EHR）のデータ標準が定められているが，同様に，労働者のあらゆる学習履歴と職務経歴をシームレスに統合するデジタルデータ標準規格（Learning and Employment Record（LER））が公開されている[LER 2021]。

　この規格を実装したシステムには，個人の学校での教育記録，認定資格，研修・職業訓練の記録のほか，職務経歴などが記録される。そして，このシステムを利用することで個人は就職の応募やキャリアに必要な新たなスキルの習得に活用することができる。企業は，応募者の学習・職歴記録を評価することで効率的に採用活動を行うことができる。

　さらに教育機関は，市場で必要とされるスキルを見出すことで，学部・学科の再編や新しいカリキュラムの創出につながることが期待される。同様な動きは，IMSにもあり，包括的な学習者記録（Comprehensive Learner Record

Standard：CLR Standard）という標準規格が提案されている ［LCR 2021］。

　欧州では，2017 年に，ESCO（European Skills, Competences Qualifications and Occupations）を公開した。これは，労働市場に求められる人材像であるコンピテンシーフレームワークを，構造化データである RDFa 形式で記述したものであり，知識，技能，コンピテンス，資格，学位と職種などが記載，分類されている。そして，学修歴デジタル証明であるデジタルバッジの中に ESCO の対応するコンピテンシーデータを連携させ，そのデジタルバッジを欧州共通履歴書である Europass に履歴を記録していく施策が進行している ［田中 2020］。

　このような考え方は，企業人のリカレント教育や生涯教育を促進することが予想される。就職や職業訓練などにも適用できるので，日本でも職業能力開発や就職支援のためのシステムであるジョブ・カードにも取り入れられていくであろう。

　学修歴デジタル証明は，単に紙の学修履歴証明書を置き換え，便利になるというだけではない。その影響は，大学の存在意義に影響を与え，学習履歴と職務経歴の蓄積は個人の価値評価や，さらに，個人の信用評価にも影響を与えると考えられる。

　これらの影響は，社会がより便利になるポジティブな面だけでなく，個人情報が管理されるというネガティブな面も併せ持っている。個人情報は，学習履歴と職務経歴だけでなく，E コマース，金融，行政サービスなどにも利用されているが，個人情報の漏洩やプライバシーに関わるリスクが発生する危険もある。また，国による個人の統制も危惧されている。

　このような状況は，個人の識別情報や属性情報がサービス提供企業や第 3 者，行政機関などにより中央集権的に管理されているためである。この問題を解決するために，自己主権型アイデンティティ（Self‐Sovereign Identity：SSI）と，分散型アイデンティティ（Decentralized Identity：DID）という考え方が生まれている。

　自己主権型アイデンティティとは，個人が自分自身のアイデンティティを自己主権的に管理できるようにする考え方である。また，分散型アイデンティティとは，個人が自分の属性情報に関する SSI を確保した上で，自己の管理する属性

情報の中で自分が許可した範囲のデータだけに使用許可を与えるものである。ブロックチェーン技術では，属性情報そのものが特定の人・組織によって中央集権的に管理されず，分散化台帳上で管理されるため，ブロックチェーン技術は SSI／DID と相性が良く，SSI／DID の実現にはブロックチェーン技術がその基盤となる［キム 2019］。

　SSI／DID に関する標準化や各種仕様の検討を行うために，2017 年 5 月に米国企業を中心に 70 社以上がメンバーとして参画し，分散型 ID ファウンデーション（DIF）が設立されている。また，Web 技術の標準化を行う World Wide Web Consortium（W3C）においても，2019 年 9 月に Decentralized Identifier Working Group が発足している［野村 2019］。さらに，先に述べた Blockcerts は，この SSI／DID の考え方を基盤に開発が進められている［Alex 2019］。

　このように，学修歴デジタル証明は重要な技術革新であるが，この先にはさらに広範囲の技術革新が起こり，これらは社会システムの変革につながる可能性が高い。これらの技術革新を今後も注目していくことが重要であろう。

4.4　教育に関する情報システムと標準化

1．現在の電子学習環境

　我が国では，ポストコロナでデジタル技術を積極的に取り入れる高等教育政策やひとり 1 台の情報端末導入を進める初等中等教育（GIGA スクール構想）を踏まえ，学習データが大量に蓄積される状況にある。

　2020 年 9 月，日本学術会議は「教育のデジタル化を踏まえた学習データに関する提言〜エビデンスに基づく教育に向けて〜」を提言した（図 4.11）。

　この中で，

　　①　学習データの種類とその必要性

　　②　学習データ利活用のための制度設計

　　③　学習データ蓄積のための環境整備

① 学習データの種類とその必要性	② 学習データ利活用のための制度設計
・教育データの利活用は，個人，組織，国レベルに分類 ・成績，質問調査など，学習プロセスのデータを収集 ・AI等の活用から，教員の負担軽減，テーラーメイド教育を実現	・教育データは各教育機関で教育／授業改善に利活用 ・民間企業利活用の教育データは，学校への提供の契約 ・個人特定や学校間比較をしない制度設計 ・人権保護など，第三者機関による定期的見直し ・教育データの共有のためには，データの標準化が重要 ・教育データの管理体制と長期的予算措置が必要

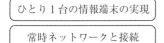

学習ビッグデータ（経時データ）
（小学校・中学校・高校・大学）

③ 学習データ蓄積のための環境整備	④ 教員・LA専門員・研究者の養成
・ひとり1台の情報端末で，個人適用型学習の実現 ・SINET接続で，全国の教育データの収集と利活用が実現	・教育データ活用可能な教員養成と，LA専門員の配置 ・教育サイエンティストの研究者養成 ・全国教育ビッグデータ活用の学術研究を促進

ひとり1台の情報端末の実現

常時ネットワークと接続

D：学習データ科学
A：教育工学
B：人間工学・AI
C：学習科学

図4.11 学習データに関する提言［学術会2020］［緒方2020］

④ 教員・ラーニング・アナリティクス（Learning Analytics：LA）専門
　員・研究者の養成

といった4視点から教育改善や学習支援の方針を公開している。

　また，これに先立つ2020年7月，「教育データの利活用に関する有識者会議」を設置して，すべての児童生徒の力を最大限に引き出す，学習・教育データの効果的な利活用を検討する状況にある。

　ここで，国外の教育データの収集状況は，データ収集の範囲や教育データの標準化はもとより，教育用IDの利用，校務系データの収集とともに普及が促進されている一方で，我が国のデータ収集は，これらが十分に対応できていない状況にある（表4.3）。

　初等中等教育にとどまらず，高等教育に至るまでの連続的な教育データの利活用により，「学習者本位の教育の実現」と「学びの質の向上」を実現することが必要となる。

　北米では，2010年代，インターネットの発展やeラーニング技術の進展によ

表4.3　各国の学習ログ活用状況 ［経産省2020］

		イギリス	オーストラリア（クイーンズランド州）	ニュージーランド	アメリカ（カリフォルニア州）	フランス
収集	基礎情報	標準化・詳細に取得	標準化・詳細に取得	標準化・詳細に取得	標準化・詳細に取得	標準化・詳細に取得
	学修履歴・成果物	標準化・一部取得	標準化・一部取得	標準化・一部取得	標準化・一部取得	標準化・一部取得
	行動・状態履歴	標準化なし	標準化なし	標準化なし	標準化なし	標準化なし
	識別ID	教育用ID UPN	教育用ID K12対象	教育用ID K12対象	教育用ID K12対象	教育用ID INE
	校務システム	MIS（Management Information System）マネジメント情報システム	OneSchool 学校運営システム	SMS（School Management System）校務マネジメントシステム	SIS（School Information System）校務情報システム	ENT デジタル学習スペース
	学習系システム	・（学校により異なる）	The Learning Place（但し，利用義務なし）	・（学校により異なる）	・（学校により異なる）	・（学校により異なる）
保管	データベース	NPD（National Pupil Database）	OneSchool（州保有）	・（共通DBなし）	CALPADS（州保有）	・（生徒および教員DBが分散）
活用	ローカルレベル	一部学校・LMSにて活用	一部学校・LMSにて活用	一部学校・LMSにて活用	一部学校・LMSにて活用	一部学校・LMSにて活用
	ナショナルレベル	Ofstedの監査での活用が特徴	州への報告のツールとして活用	転校・進学時の基礎情報共有手段／クレデンシャル発行	教育EBPMに貢献や統計目的／学区の業務効率化／一般への情報公開	オープンソースとして教育EBPM・学校情報の公開

		日本	フィンランド	シンガポール	オランダ	デンマーク
収集	基礎情報	標準化なし	標準化・詳細に取得	標準化・詳細に取得	標準化・詳細に取得	標準化・詳細に取得
	学修履歴・成果物	標準化なし	標準化・詳細に取得	標準化・詳細に取得	標準化・一部取得	標準化・一部取得
	行動・状態履歴	標準化なし	標準化なし	標準化なし	標準化なし	標準化なし
	識別ID	・（IDなし）	国民共通ID HETU	教育用ID K12対象	国民共通ID BSN	国民共通ID CPR
	校務システム	・（学校により異なる）	WILMA（ウィルマ）（校務・学習系横断DB）	School Cockpit System 校務支援システム	・（学校により異なる）	INDB（Indberetningsportalen）学習ポータル
	学習系システム	・（学校により異なる）		SLS（Student Learning System）学生学習システム	・（学校により異なる）	・（学校により異なる）
保管	データベース	NPD（共通DBなし）	Primus（WILMA連携の匿名DB）	Central Pupil Database 生徒データベース	BRON 基礎教育登録データベース	・（統計局，教育省に分散）
活用	ローカルレベル	一部学校・LMSにて活用	全国共通で活用（学校・教員の差あり）	全国共通で活用（学校・教員の差あり）	一部学校・LMSにて活用	一部学校・LMSにて活用
	ナショナルレベル	全国共通テストなど限定的活用	学校の自己監査，政府のEBPMまで幅広く活用	学歴のクレデンシャル，政府統計や教育EBPMに幅広く活用	監査・統計用に一部データが国により活用	監査目的ではないが卒業試験の点数は学校毎に開示

令和元年度　学びと社会の連携促進事業（学習ログなどの活用に向けた収集すべき標準項目などの素案の作成など）最終報告書，2020年3月

り，学習管理システム（LMS：Learning Management System）が普及する状況にあった。LMS とは，インターネットを通じて，学習教材の配布，学習者の登録や連絡，学習の進捗状況や成績等の管理を可能とするものである。LMS を活用する中でシステム上の課題は，教育関連の情報システムがそれぞれ独立して連携していないことにあった（図 4.12）。

つまり，LMS と教務システム，図書館情報システムは電子化されているもののお互いに独立し，それぞれのシステム間のデータのやり取りは人手を必要とする状況にあった。

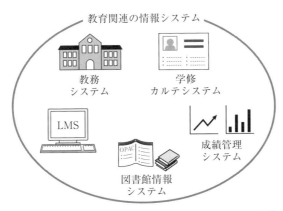

図 4.12　2010 年代の教育関連の情報システム ―システムそれぞれが独立して存在―

2．IMS Global Learning Consortium による標準化

教育関連のシステムが相互に連携し運用するためには技術標準が重要となる。その前提として，技術標準の理念を共有するコミュニティが求められ，EDUCAUSE（高等教育における IT 普及をサポートするアメリカの非営利団体）のプロジェクト（1995, the Instructional Management System project at National Learning Infrastructure Initiative）から，1999 年に NPO に展開した団体 IMS Global Learning Consortium（IMS‐GLC：以下 IMS と表記）が世界をけん引する状況にある。つまり IMS とは，e ラーニング／ICT 活用教育分野

における国際標準化団体であり，25以上の標準からICTによる教育改革を進める国際コミュニティである（図4.13）。なお，IMSの諸事業に対し，我が国での普及を目的とした団体として，日本IMS協会がある。

```
・IMS グローバルとは？
  − Instructional Management Systems（IMS）Global Learning
    Consortium（教授管理システム グローバル ラーニング コンソーシアム）
  − 教育における ICT 利用活用分野の国際標準化団体

  − 1997 年 EDUCAUSE（エデュコース）の National Learning Infrastructure
    Initiative：全国学習基盤構想の教授管理システムプロジェクト
    （the Instructional Management System project）として発足
  − US フロリダに拠点
  − 会費制
    ・Contributing Member：構成員　企業と大学は規模によって，
      5,000 ドル〜55,000 ドル
    ・Affiliate Member 賛助会員 /Alliance Member 協力会員
  − 規模拡大中
    ・25 か国にわたる 653 会員（2021.07.21 現在）
・日本 IMS 協会
  − IMS グローバルの諸事情の日本国内での普及を目的
```

図4.13 IMSとその活動 [深澤 2021b]

ここでIMSについて触れる [IMSGlobal2021]。IMSは，1997年設立に設立され，本部はアメリカフロリダ州にあり，eラーニングや教育分野におけるICT活用の国際標準化を推進する団体である。2021年7月現在会員数は25か国，653団体である。なお，IMS Global Learning Consortiumは2022年5月に1EdTech Consortiumと名称を変更しているが [IMS Global 2022, 1EdTech]，本節ではIMSの名称で記載している。

表4.4にIMSが定める主な標準規格を示す [深澤 2021b]。また，図4.14にエコシステムの例，図4.15にIMSを用いた大学間システム連携例を示す [深澤 2021b]。

このシステム構成からわかるように，大学内の教育の高度化や大学経営の効率化だけでなく，大学間のシステム連携も目指している。そして，大学間のシステム連携が進むと国内外の大学の間の壁が低くなり，個々の大学のアイデンティテ

表4.4 IMS が定める主な標準規格〔深澤 2021b〕

2020.06.30 現在

標準の概要	仕様	略称
Interface between LMS and academic information system LMS と教務情報システムのインターフェース	Learning Information Service 学習情報サービス	LIS
Interface between LMS and test questions LMS とテスト問題のインターフェース	Question and Test Interoperability テスト用コンテンツの相互運用性	QTI
Interface between LMS and contents LMS とコンテンツのインターフェース	Common Cartridge 共通カートリッジ	CC
Interface between LMS and learning tools LMS と学習ツールのインターフェース	Learning Tools Interoperability 学習ツールの相互運用性	LTI
Add accessibility features to QTI QTI へのアクセシビリティ機能追加	Accessible Portable Item Protocol アクセス可能なポータブルアイテムプロトコル	APIP
CC compatible with LTI LTI 対応の CC	Thin Common Cartridge オブジェクト削減型の CC	Thin CC
LIS for primary and secondary education applications 初等中等教育アプリケーション向けの LIS	OneRoster ワンロースター	
Training log data model and process 学習ログデータモデルとプロセス	Caliper Analytics キャリパーアナリティクス	Caliper
Digital badge package information デジタルバッジパッケージ情報	Open Badges オープンバッジ	OB
Security model used for data exchange データ交換に使用されるセキュリティモデル	Security Framework セキュリティフレームワーク	

ィーの確立が重要になることが想像される。さらに，大学と企業とのシステム連携の強化も進むと考えられ，民間企業や研修での教育が大学の単位として認定されるようになると大学と企業の壁が低くなり，大学の存在意義の明確化が必要とされると考えられる。後述するように，すでに，海外ではこのような方向に進んでいる。

IMS 技術標準は，Open Standards の理念にのっとり，2つの型で規定されて

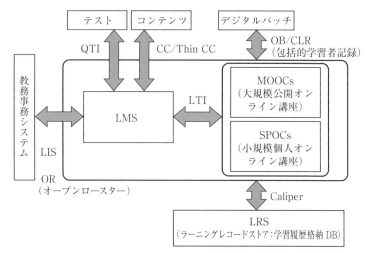

図4.14　エコシステムの例（MOOCs 関係）［深澤 2021］

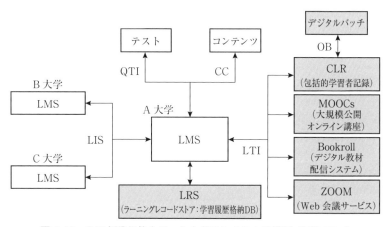

図4.15　IMS 標準規格を用いた大学間システム連携例［深澤 2021b］

いる。データフォーマットを規定する「データ定義型」には，Common
Cartridge & Thin Common Cartridge や Question & Test Interoperability
（QTI）などがあり，データフォーマットに加え，データ交換を規定する「サー
ビス定義型」には，Learning Tools Interoperability（LTI）や Open Badge など
がある。

3．次世代電子学習環境（NGDLE）

2015年，EDUCAUSEとIMS‐GLCは共同で，全米で普及したLMSや技術標準の実態から，次の電子学習環境のあり方を研究レポート「Next Generation Digital Learning Environment（NGDLE：次世代電子学習環境）」として公表した。

NGDLEとは，学習活性化のために学習者中心の考えを大切として，LMSといった特定のシステムよりも，アプリケーションやシステム間でデータ交換ができる学習環境を重要とする（図4.16）。つまり，学生や学習者にとって，一人ひとりに最適な学習環境を提供するというものである。

ビジョン	学生活動（利活用）
① 相互運用性	☑ 教材配信 ☑ コンテンツ検出／制作 ☑ 学習管理システム
② パーソナル化	☑ データウェアハウス ☑ ダッシュボード
③ 分析，アドバイス，学習アセスメント	☑ 評価アプリ ☑ ラーニング・アナリティクス ☑ アダプティブラーニング・アプリ
④ コラボレーション	☑ ソーシャルネットワーク ☑ 大学独自の学習ツール
⑤ アクセシビリティ，ユニバーサルデザイン	☑ 学習アプリ（コンピテンシー） ☑ アドバイス・システム ☑ 学位取得システム

図4.16　次世代電子学習環境（NGDLE）のビジョン［NGD 2017］

NGDLEが目標とする具体的な機能とは，次の①〜⑤にある。

① Interoperability and Integration：アプリケーションやシステム間でデータ交換ができる相互運用性とシステム統合

② Personalization：一人ひとりに最適な学習環境を提供できるパーソナル化

③ Analytics, Advising, and Learning Assessment：データやログの分析を踏まえたアドバイスや学習アセスメント

④ Collaboration：学習活動による連携や協働

⑤　Accessibility and Universal Design：障害の有無に関わらず多様な人々
　　の利便性

にある。つまり，「学習者本位の教育の実現」と「学びの質の向上」を実現する
NGDLE とは，

　　・教育関連の情報システムが連携していること

　　・既存サービスの共有や技術標準によるエコステムな状態であること

　　・大規模の学習データやログが活用できること

が大切であり，教育に関する情報システムの相互運用性と技術標準が不可欠となる。各システムに蓄積されるデータを活用するラーニング・アナリティクス（Learning Analytics）を中心として教育の効果的な運用が重要である。また，教える側の立場に立った学習環境の考え方も大事であるが，学ぶ側の立場に立った学習環境の構築の目線が NGDLE の議論に必要となる［山田 2017］。

４．学習歴データ連携に伴う個人情報の取り扱い

　個人情報保護法では，個人情報を，「生存する個人に関する情報であって，当該情報に含まれる氏名，生年月日その他の記述などにより特定の個人を識別することができるもの（他の情報と容易に照合することができ，それにより特定の個人を識別することができることとなるものを含む。），または個人識別符号が含まれるもの」と定義している［個人情 2021］。大学などでは，氏名や生年月日のほかにも，個人識別符号である学籍番号や，学籍番号を用いた大学電子メールアドレスなど，特定の個人を識別できる情報が個人情報となる。この個人情報を含み，成績や単位修得数などの情報をデータベースで検索できるように体系化したものが個人データである（図 4.17）。

　以上のような個人データを取り扱う企業や団体を個人情報取扱事業者と呼び，これまでは教育機関が公立か私立かによって遵守する法制度が異なっていたが，最近になりすべての教育機関は改正された個人情報保護法が適用されることとなった。また，扱う個人データ数の大小は関係なく，すべての学校が個人情報保護法に逸脱しないように運用しなければならない。

個人情報データベース

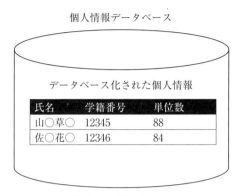

図4.17　個人データ

　個人情報保護法が求める個人情報取扱事業者が個人情報を取り扱う際の注意点としては，次の①〜⑤がある［政府広 2022］。

①　個人情報を取得する際は，どのような目的で個人情報を利用するのかについて，具体的に特定しなければならない。また，個人情報の利用目的は，あらかじめ公表するか，本人に知らせる必要がある。

②　取得した個人情報は，利用目的の範囲で利用しなければならない。

③　取得した個人情報は漏洩などが生じないように，安全に管理しなければならない。

④　個人情報を本人以外の第三者に渡すときは，原則として，あらかじめ本人の同意を得なければならない。

⑤　本人からの請求があった場合，個人情報の開示，訂正，利用停止などに対応しなければならない。また，個人情報の取扱いに対する苦情を受けたときは，適切かつ迅速に対処しなければならない。

　そのため，学校は個人情報の利用目的，個人情報開示などの請求手続の方法，苦情の申出先などについて，ウェブサイトでの公表や，聞かれたら答えられるようにしておくなど，本人が知り得る状態にしておかなければならない［政府広 2022］。例えば，東京電機大学では大学ウェブサイトにてプライバシーポリシーを公表している（https://www.dendai.ac.jp/privacypolicy/）。大学は，学生の膨大

な数の個人データを取り扱っている事業者であるといえる。

5．学習歴データ連携に伴う合意形成の必要性

　これまで大学では，独自の方法で学生の授業登録情報，学習の進捗状況，成績などを学生個々の学習履歴として保管してきた。ICT の発展に伴い，LMS や e ポートフォリオの導入により，成績や学習時間，課題提出状況など学習歴データが容易に取得できるようになった。

　これらの学習歴データを個人データと紐づいて保管できるデータストアシステムが近年開発された。Learning Record Store（LRS）と呼ばれるこのシステムを自大学だけではなく，他大学とも連携して用いることで，自大学の学生数が少なくサンプル数が少なかったとしても，ほかの大学の情報と合わせることで，有効なサンプル解析が可能となる。

　例えば，成績状況と課題提出状況から，学生の退学予測に結びつけるなど，ラーニング・アナリティクスの有効的な活用につながる。しかし，学習歴データを大学間で共有することは2つの面で大きな壁がある。まずは技術面での壁である。現在の大学は独自に LMS を運用している。

　この LMS 環境を標準化し，またそれぞれの大学でラーニング・アナリティクスについてのポリシーを定めた上で学習歴データ利用に対する合意を大学間で締結する必要があろう［山田 2020］。2点目は個人情報保護上の壁である。個人情報に含まれる特定の個人を識別することがラーニング・アナリティクスの一部を削除することで，復元できないようにする匿名加工処理はもちろんのこと，匿名加工情報に含まれる個人に関する情報の項目，およびその提供の方法について公表する必要がある（図 4.18）［個人情 2021］。

　以上のような壁を大学が独力で行うにはかなり難度が高い。個人情報取扱事業者として，現在先進的な取り組みをしているのが小売業での個人情報利用であろう。例えば，小売店等での，ポイントカードを用いた商品購入時における個人情報利用がイメージしやすいと思われるので，以下に例をあげる。

　TSUTAYA などを運営する㈱カルチュア・コンビニエンス・クラブ（CCC）

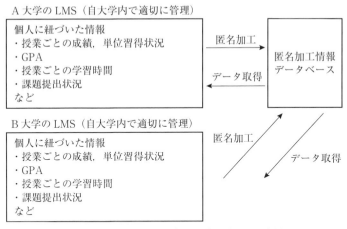

図4.18 個人情報に配慮した学習歴データ利用

は,ポイントカードであるTカードをCCCグループ企業,または提携先のスーパー,コンビニエンスストア,ドラッグストア,ガソリンスタンドなどで利用することで,カスタマーは利用金額に応じてTポイントが貯まり,貯めたポイントはお店でお金や商品と交換することができる。その際の利用情報を,利用者への情報送付や,商品開発等に利用している。Tカードを用いた個人情報の取り扱いのフロー図を図4.19に示す。

図にあるとおり,CCCグループ企業内で個人データを管理しており,提携先企業には匿名加工情報のみを提供して商品開発や解析に利用してもらう(図4.20)。

例えば,Tカード情報のうち,会員データベースと利用履歴データベースとを分けて厳重に管理を行い,CCCのデータアナリストは会員データベースにアクセスできない条件にしたうえで,提携先企業などの店舗運営・サービス向上のためのマーケティングや商品開発,売り場作りなどに活用している。

また,CCCは提携先やメーカーなど,CCCが適切と判断した企業から,郵便番号・生年月日個人データを預かり,Tカード会員の情報と組み合わせて分析などを行い,商品開発やダイレクトメール送付に利用する場合がある。その場合,

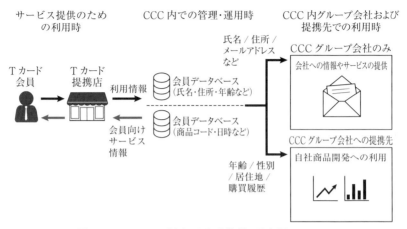

図 4.19　T カードを用いた個人情報の取り扱いフロー

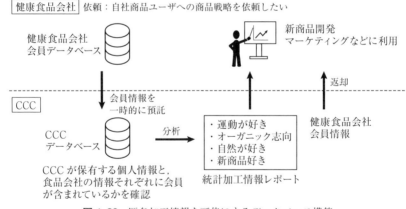

図 4.20　匿名加工情報を可能にするデータベース構築

　預かった情報の利用は，あらかじめ取り決めた業務の範囲のみに限定され，その情報は各社ごとに個別に管理して，他社のデータ同士を混ぜない。また業務完了後は廃棄などを行い，CCC は保持しないなどのルールを決めている［CCC 2022］。

　大学の個人情報についても，大学だけで運用をとじれるわけではなく，教育産

業や上述したような異業種ではあるが，個人情報の取り扱いが優れた個人情報取扱事業者がラーニング・アナリティクス業に参入する可能性も十分に考えられる。

　また，各大学の評価結果の可視化についても，各大学でとじることなく，全世界にオープンな教育の質保証が必要になるにつれて大学だけでの管理から離れていくことが想定される。評価結果がデジタルバッジとして可視化されるようになると，デジタルバッジを保管できるようなアプリやウェブサイトが必要になる[国際教 2021]。

　ウェブサイトは，全世界で公開される以上，日本企業だけではなく，世界中のどの企業でも教育の質保証の可視化に参入が可能となる。例えば，一部の SNS 上にはデジタルバッジ公開機能が付加されている。SNS が個人の学習歴を保証する時代が来るかもしれない。

参考文献

［アジア学生 2021］公益財団法人アジア学生文化協会，https://www.abk.or.jp/，参照日：2022-03-18

［芦沢 2021］芦沢真五，学修歴証明書電子化と国際教育交流，工学教育のデジタライゼーションとデジタルトランスフォーメーションの調査研究委員会（第 7 回），日本工学教育協会，2021年 10 月

［井上 2021］井上雅裕，コロナ禍での大学教育の変革〜対面とオンラインによる新たな大学教育の展開，DX 時代の生涯教育〜，大学教育と情報，2021 年度　No.1（通巻 174 号）

［緒方 2020］教育データの利活用に関する有識者会議（第 3 回），資料 1「教育データの利活用について，京都大学学術情報メディアセンター，緒方広明」，2020 年 11 月 20 日，https://www.mext.go.jp/kaigisiryo/content/20201120-mxt_syoto01-000011202-01.pdf，参照日：2021-12-09

［学術会 2020］日本学術会議「教育のデジタル化を踏まえた学習データに関する提言〜エビデンスに基づく教育に向けて〜」，2020 年 9 月，https://www.scj.go.jp/ja/info/kohyo/pdf/kohyo-24-t299-1.pdf，参照日：2021-12-09

［キム 2019］キム ヨンロック，田中優貴，ブロックチェーン技術が引き起こす人材領域における産業構造変化の可能性，研究 技術 計画，2019 年 34 巻 4 号　p.353-366

［経産省 2020］令和元年度学びと社会の連携促進事業（学習ログ等の活用に向けた収集すべき標準項目等の素案の作成等）経済産業省教育産業室最終報告書，2020 年 3 月　https://www.meti.go.jp/meti_lib/report/2019FY/000191.pdf，参照日：2021-12-09

［原本の電子化 2017］原本の電子化。世界の高等教育に広がる潮流　https://qaupdates.niad.ac.jp/2017/06/07/digitaldiploma/，参照日：2022-03-18

［国際教 2021］国際教育研究コンソーシアム，学修歴証明書デジタル化実験，http://recsie.or.jp/project/digital-fce，参照日：2021-12-09

［個人情 2021］個人情報の保護に関する法律，https://elaws.e-gov.go.jp/document?lawid=415AC0000000057，参照日：2021-01-06

［政府広 2022］政府広報オンライン，小規模事業者や自治会・同窓会もすべての事業者が対象です．これだけは知っておきたい「個人情報保護」のルール，https://www.gov-online.go.jp/useful/article/201703/1.html，参照日：2022-01-06

［田中 2020］田中恵子，欧州におけるオープンバッジのコンピテンシー連携についての考察，NAIS Journal vol. 14 2020 年 3 月

［中国大学 MOOC］中国大学 MOOC，https://www.icourse163.org/，参照日：2022-01-22

［中崎 2020］中崎孝一，学修歴証明書デジタル化ナショナル・プロジェクト　スーパーグローバル大学創成支援事業オンラインシンポジウム　2020 年 11 月 30 日，https://tgu.mext.go.jp/symp02/pdf/5-2-1.pdf，参照日：2022-03-18

［中崎 2021］中崎孝一，学修歴証明書デジタル化ナショナル・プロジェクト，工学教育のデジタライゼーションとデジタルトランスフォーメーションの調査研究委員会（第 7 回），日本工学教育協会，2021 年 10 月

［野村 2019］野村総合研究所他，2019 年 11 月，デジタルアイデンティティ　〜自己主権型／分散型アイデンティティ〜　https://www.nri.com/-/media/Corporate/jp/Files/PDF/service/

ips/technology_1.pdf，参照日：2022-03-18

[日比谷 2020] 日比谷潤子，今後の高等教育におけるデジタル技術の活用，教育再生実行会議デ
　　ジタル化タスクフォース，2020 年 12 月

[深澤 2021a] 深澤良彰，日本の高等教育におけるデジタルトランスフォーメーション，工学教
　　育のデジタライゼーションとデジタルトランスフォーメーションの調査研究委員会（第 5 回），
　　日本工学教育協会，2021 年 8 月 18 日

[深澤 2021b] 深澤良彰，オープン教育資源（OER）の最新動向と課題，大学 ICT 推進協議会
　　（AXIES）年次大会，2021 年 12 月 18 日

[溝上 2021] 米国の成人教育の新たな潮流：マイクロクレデンシャル，IDE 2021 年 5 月号，
　　pp.60-63

[文科省] 文科省，大学等の履修証明制度について，https://www.mext.go.jp/a_menu/koutou/
　　shoumei/，参照日：2022-03-13.

[文科省 2021] 大学院設置基準等の一部を改正する省令について（案），中央教育審議会大学分
　　科会大学院部会（第 101 回），令和 3 年 7 月 6 日，https://www.mext.go.jp/kaigisiryo/
　　content/20210705-mxt_daigakuc03-000016566_7.pdf，参照日：2022-03-13.

[山田 2017] 山田恒夫，常盤祐司，梶田将司：次世代電子学習環境（NGDLE）に向けた国際標
　　準化の動向，情報処理，Vol.58，No.5，pp.412-415，2017.

[山田 2020] オンライン授業大学院科目「e ラーニングの理論と実践」（第 13 回　ラーニングア
　　ナリティクスと e ラーニング，山田恒夫），放送大学，2020

[1EdTech 2022] 1EdTech Consortium, https://www.1edtech.org，参照日：2022-08-01

[2U] 2U, https://2u.com/，参照日：2022-03-13.

[AFPBB2020] AFPBB News, 中国，MOOC 講座数および利用の規模で世界一に，https://
　　www.afpbb.com/articles/-/3323394, 参照日：2022-01-22.

[Alex2019] Alex Kodate, Mar 5, 2019, Blockcerts（ブロックサーツ）の開発経緯とメリット
　　について　https://medium.com/@alex.kodate/blockcerts- ブロックサーツの開発経緯とメリ
　　ットについて，参照日：2022-03-18

[CCC 2022] カルチュアコンビニエンスクラブ，お客さま情報の取扱いに関するよくある質問，
　　https://www.ccc.co.jp/customer_management/customer/，参照日：2022-03-07

[Class Central] The Report by class central, https://www.classcentral.com/report/，参照日：
　　2022-03-13.

[Class Central 2021] A Decade of MOOCs：A Review of MOOC Stats and Trends in 2021,
　　https://www.classcentral.com/report/moocs-stats-and-trends-2021/，参照日：2022-03-13.

[Cousera] Cousera, https://ja.coursera.org/，参照日：2022-03-13.

[DiplomaMills 2022] https://www.geteducated.com/diploma-mill-police/degree-mills-list/，参照
　　日：2022-03-18

[edX] edX, https://www.edx.org/，参照日：2022-03-13.

[edXMM] MicroMasters® Programs, https://www.edx.org/micromasters，参照日：2022-03-
　　13.

[FutureLearn] FutureLearn, https://www.futurelearn.com/，参照日：2022-03-13.

[groningen 2012] Groningen Declaration on Digital Student Depositories Worldwide　https://
　　www.eunis.org/wp-content/uploads/2013/11/groningen.PDF，参照日：2022-03-18

［IACET 2018］Open Digital Badge Taxonomy, https://www.iacet.org/default/assets/File/
　　OpenDigitalBadging/Taxonomy％20for％20IACET％20Badges.pdf, 参照日：2022-03-18

［IMSGlobal 2021］IMS Global　http://www.imsglobal.org/, 参照日：2022-03-18

［IMSGlobal 2022］IMS Global Learning Consortium Becomes the 1EdTech Consortium,
　　https://www.imsglobal.org/article/ims-global-learning-consortium-becomes-1edtech-
　　consortium, 参照日：2022-08-01

［JMOOC］JMOOC, https://www.jmooc.jp/, 参照日：2022-03-13.

［JV‐Campus］JV‐Campus, https://www.jv-campus.org/, 参照日：2022-04-13.

［LCR 2021］Comprehensive Learner Record Standard™, https://www.imsglobal.org/activity/
　　comprehensive-learner-record, 参照日：2022-03-18

［LER 2021］LER Information & Resources, https://www.uschamberfoundation.org/t3-
　　innovation-network/ilr-pilot-program, 参照日：2022-03-18

［MICROBOL 2021］MICROBOL Project, Micro-credentials and Bologna Key Commitments,
　　State of play in the European Higher Education Area, February 2021, https://
　　microcredentials.eu/wp-content/uploads/sites/20/2021/02/Microbol_State-of-play-of-MCs-in-
　　the-EHEA.pdf, 参照日：2022-03-13.

［MITMM］MITx MicroMasters® Programs, https://micromasters.mit.edu/, 参照日：2022-03-
　　13.

［NGD 2017］The NGDLE: We Are the Architects, Malcolm Brown, July 3, 2017　https://
　　er.educause.edu/articles/2017/7/the-ngdle-we-are-the-architects, 参照日：2022-03-08

［NIAD 2015］大学改革支援・学位授与機構, デジタルバッジでオーストラリアの学位が取得可
　　能に, QA UPDATES, 2015 年 9 月 3 日.

［NIAD 2018］大学改革支援・学位授与機構, ニュージーランド, マイクロクレデンシャルを正
　　式な教育・訓練制度に認める！, QA UPDATES, 2018 年 9 月 12 日.

［NIAD 2021a］大学改革支援・学位授与機構, 欧州的アプローチにおけるマイクロクレデンシャ
　　ル—欧州の教育制度への組み込みを目指して, QA UPDATES, 2021 年 3 月 24 日.

［NIAD 2021b］大学改革支援・学位授与機構, 欧州 25 か国でマイクロクレデンシャルがすでに
　　存在—MICROBOL 報告書, QA UPDATES, 2021 年 5 月 25 日.

［OECD 2021］OECD, Micro-credential innovations in higher education Who, What and Why?,
　　OECD Education Policy Perspectives, No.39, 22 Sep 2021, https://doi.org/10.1787/f14ef041-
　　en, 参照日：2022-03-13.

［OpenBadges］Open Badges, https://openbadges.org/, 参照日：2022-03-13.

［OpenBadges 2012］Open Badges for Lifelong Learning　https://wiki.mozilla.org/
　　images/5/59/OpenBadges-Working-Paper_012312.PDF, 参照日：2022-03-18

［OpenBadges 2020］Open Badges History, IMS Global　https://openbadges.org/about/history,
　　参照日：2022-03-18

［OpenBadges 2021］IMS Open Badges　https://openbadges.org/, 参照日：2022-03-18

［QAUPDATES 2019］https://qaupdates.niad.ac.jp/2019/06/13/cscse-digitisation/, 参照日：
　　2022-03-18

［SWAYAM］SWAYAM, https://swayam.gov.in/, 参照日：2022-03-13.

［Udacity］Udacity, https://www.udacity.com/, 参照日：2022-03-13.

第5章

社会人教育に対する要求と新しい教育モデル

5.1　人材育成の背景と要求（産業界の視点）

　本章では，企業を含む社会的視点に基づき，国際的に活躍するうえで求められるコンピテンシー（知識・スキル／技術・姿勢／態度・意識／生き方）と，その育成方法としてのリカレント教育およびその DX などについて考察する。

　リカレント教育とは，各自が持つ能力の強化・拡大を目的とするアップスキリング，および現状では持ちあわせていない新たな能力の付与を目的とするリスキリングなどを含む，主として就労に必要とされる知見の生涯教育全般を指すものとする。

　社会活動のボーダーレス化や国際競争の激化，日本における少子高齢化（労働人口の減少）の進展，技術革新の急速な進行に伴い，これらの環境変化に対応できる人材確保と育成が，企業はもとより大学などの教育機関でも経営戦略における大きな課題となっている。具体的には次のような社会課題が顕在化してきている。

⑴　**産業構造の変化や技術革新の加速に伴う新たな知識・スキル獲得の必要性**

　日進月歩の技術革新や，産業構造そのものの変化，ボーダーレスな国際競争の激化の中で，企業と従業員の双方が生き残っていくために，まず企業としては，そうした環境変化に適応できる人材の採用・育成と登用が急務である。また従業員も，習得した知識はいずれ陳腐化するという認識のもと，自己の雇用維持の観点からもリカレント教育がきわめて重要になってきている。

⑵　**シニア層の有効活用の必要性とそれに伴うリスキリング**

　少子高齢化と労働人口減少が加速する日本社会の状況下，産業基盤を維持するためには，労働力の量的確保も必須である。また各個人においても，65 歳を超

えて仕事を続けることで，自分が活躍できる職場を通した社会的関わりあいの維持，および収入源の確保など，複合的な理由から，定年退職後の雇用延長・再就職のニーズが高まっている。

(3) 企業内従業員教育におけるリスキリング・アップスキリングの位置付け

　企業の経営者・人事担当部署の視点からも，職種や職場の異動，新技術への対応，雇用延長，経験者採用や再就職の増加などを背景に，アップスキリングやリスキリングが不可欠になってきている。

　従来の社内教育が，担当職種や所属部署に応じた業務スキル・ノウハウの職場内での習得が中心であったのに対し，これまでと異なる部署・業務や異業種・異業界での新しい仕事に対応できる人材を確保するという点において，これまでの「オン　ザ　ジョブ　トレーニング：OJT」的人材育成とは異なった側面が発生してきている。

　こうした課題への対応として，各組織では採用から育成・評価・登用までを有機的につなげた人事処遇施策とそのための情報基盤を模索しつつ，人事制度の再設計に取り組む動きが加速している。従来は各組織が自前で取り組むことが多かった人材育成プログラムについても，DXや国際化の流れの中で業務の効率化・合理化とからみあって，各組織が提供する自前のコンテンツやカリキュラムのみならず，他の教育機関やコンサルティング会社などの人材育成サービスを複合的に活用する方向が加速すると予想される。

　この流れの一方で，日本では大学などの高等教育機関の役割は，卒業生の輩出までにとどまり，その後の社会人実務スキルの育成や評価における連携は，諸外国での大学と比べると，依然かなり限定的であるといわざるを得ない。

　他方，前述の課題に対処するには，実務に直結する実践的な教育内容や，海外事例の分析に基づく柔軟かつ効率的なプログラムの提供を可能とする体制，教育プロセスのDXに加えて，それと連動したマイクロクレデンシャル（4.2節で詳述）の発行をはじめとする教務・事務のDXが必須となってきている。

　同時に，こうした社会的潮流を新たな推進力として，大学の提供する社会人教

育が，企業における人材育成の有効な選択肢となり，また個人のスキル向上や学び直しの自己学習機会として有効活用されるよう，社会的環境を整えることが重要である。

　これらを踏まえ本章では，リカレント教育における社会ニーズを検討したうえで，海外の大学生および社会人教育の事例と課題・方向性を分析し，DX によるプロセス改革の推進力とした新たな教育モデルの導入可能性を提示する。

5.2　日本の社会人教育プログラム

1．日本の社会人教育の現状

　図 5.1 は，経済協力開発機構（OECD）加盟国における 25 歳以上が大学に在籍する割合の比較を示している。我が国では，大学・大学院の正規課程で学ぶ社会人の割合が低い。

　図 5.2 は，有業者のリカレント教育の実施割合を示している。働きながら学ぶ人の割合は低い［内閣府 2021］。

　表 5.1 は，企業での大学などにおける従業員の受講に対する支援の状況を示す。「大学院・大学・専修学校・各種学校などにおける受講」を「業務命令」または「会社として支援」している企業は，22.7%（393 社）である。企業は外部教育機関での学習に無理解なわけではない［小杉 2016］。

　企業側の教育訓練休暇制度などの導入状況は，図 5.3 のとおりである。働きながら学べる環境を整備する企業の割合は，1 割程度にとどまる［内閣府 2021］。

　これらの資料から，企業は従業員の外部教育機関での学習に理解を示しはじめてはいるが，それを支援する制度などがまだ十分とはいえないことがうかがわれる。

　一方，学び直しをする個人から社会人の学び直しが進まない理由は，図 5.4 からみえてくる。学び直しの問題として，時間（仕事が忙しくて学び直しの余裕がない，女性では家事・育児も）とお金（費用がかかりすぎる）。加えて，若い世

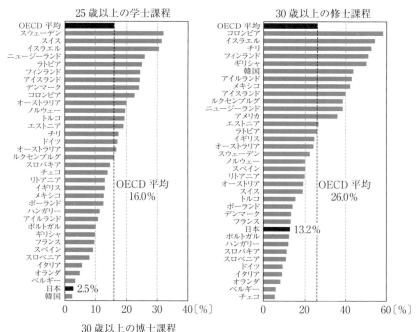

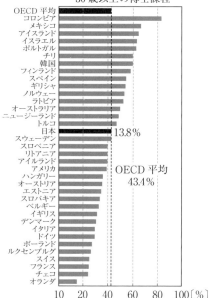

(備考) 諸外国の値は OECD「Education at a Glance（2020）」により作成。日本の値は文部科学省資料により作成しており，通信課程への入学者も含む。日本の25歳以上の学士課程への入学者割合2.5%のうち，約0.5%は通学課程，約2.0%は通信課程の入学者割合。修士課程は，修士課程と専門職学位過程の合計として定義。また，修士課程には，修士課程および博士前期課程（医歯学，薬学（修業年限4年），獣医学関係以外の一貫制課程の1・2年次の課程を含む。）の入学者が含まれる。

図5.1 OECD諸国における大学・大学院への25歳・30歳以上入学者割合（2018年）〔内閣府 2021〕

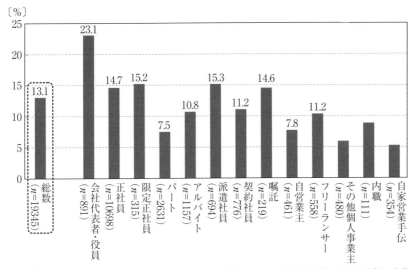

〔%〕

（備考）内閣府政策課題分析シリーズ「リカレント教育による人的資本投資に関する分析－実体
と効果について－」（2021 年 1 月 26 日）により作成。有業者とは，2019 年末時点で仕事
をしていると回答した者。上図は過去 1 年間のリカント教育の実施状況を示したもの。
n は回答数。

図 5.2　有業者のリカレント教育の実施割合（2020 年）［内閣府 2021］

代ほど，何を学んだらいいかわからない（どのようなコースが自分の目指すキャ
リアに適切なのかわからない，自分の目指すべきキャリアがわからない）があげ
られる［小杉 2016］。

　社会人の学び直しはまだ少ないものの，社会人教育における外部教育機関の活
用状況は図 5.5 のとおりである。企業の 8 割が，外部教育機関として民間の教育
訓練機関を活用している一方で，大学を活用するのはごくわずかである。大学を
活用しない理由の上位は「大学を活用する発想がそもそもなかった」，「大学でど
のようなプログラムを提供しているかわからない」である［文科省 2018］。

　「乾 2021」は，大学・大学院が社会人の学びの場として活用されていない埋由
として，①ほかの学習方法に比べ費用が高額，②大規模な正規の学位課程しか提
供されない，③社会人に提供される価値が明確に言語化されていない，④「越境
型学習」（社会人が自ら持論を持ち込み，対話と実践，内省を通じて行う学習）

表5.1 大学院・大学・専修学校・各種学校における従業員の受講に対する支援［小杉2016］
（複数回答）―従業員規模別・業種別集計― (単位：％)

	n	業務命令で受講させている	業務命令の受講はないが，会社として支援	業務命令の受講も。会社としての支援もない	無回答
	1475	9.3	13.4	73.4	5.3
【従業員規模別集計】					
100人～299人	590	9.3	10.0	75.9	5.3
300人～499人	156	11.5	12.2	73.1	3.2
500人～999人	152	9.9	11.2	78.3	2.6
1000人以上	178	11.8	28.7	59.0	2.8
【業種別集計】					
建設業	97	7.2	19.6	73.2	1.0
製造業	388	14.7	13 1	69.1	5.4
情報通信業	49	10.2	12.2	75.5	4.1
運輸業	129	4.7	10.9	77.5	7.0
卸売・小売業	253	6.7	11.5	78.3	4.7
金融・保険・不動産業	47	10.6	14.9	72.3	2.1
飲食・宿泊業	73	6.8	4.1	82.2	8.2
医療・福祉	41	12.2	36.6	48.8	4.9
教育・学習支援行	28	3.6	25.0	64.3	7.1
サービス業	267	7.9	12.7	74.2	5.6

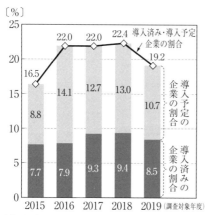

(a) 教育訓練休暇制度の導入企業割合の推移

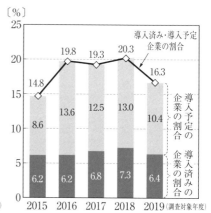

(b) 教育訓練短時間勤務制度の導入企業割合の推移

(備考) 厚生労働省「能力開発基本調査」により作成。教育訓練休暇とは，職業人としての資質の向上その他職業に関する教育訓練を受ける労働者に対して与えられる休暇を指す。有給か無給かは問わない。教育訓練短時間勤務制度とは，職業人としての資質の向上その他職業に関する教育訓練を受ける労働者が活用することのできる短時間勤務（所定労働時間の短縮措置）を指す。

図5.3 教育訓練休暇制度等の導入状況［内閣府2021］

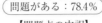

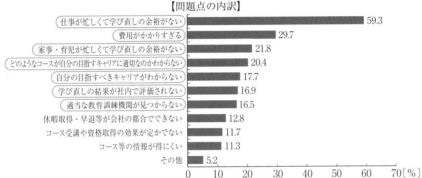

図5.4 正社員の学び直しの障害［文科省 2018］

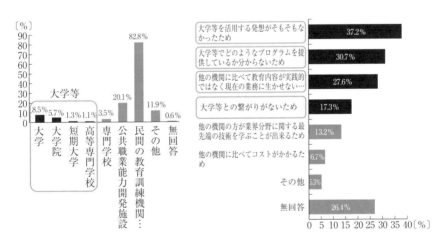

(a) 活用する外部教育機関の種別（複数回答）　　　(b) 大学等を活用しない理由

（出典）社会人の大学等における学び直しの実態把握に関する調査研究（平成27年度イノベーション・デザイン＆テクノロジーズ株式会社＜文部科学省：先導的大学改革推進委託事業＞）より作成。

図5.5 企業の外部教育機関としての大学の位置付け［文科省 2018］

ができる課程が少ない，をあげている。

　現時点では社会人教育の普及状況は芳しくないないものの，社会人教育に関わる市場規模は今後拡大することが予想される（図5.6）。

　2021年度のリカレント教育市場規模（受講料ベース）は，前年度比7.1%増の467億円を見込む。2022年度のリカレント教育市場規模（受講料ベース）は，前年度比4.9%増の490億円を予測し，「リカレント教育」の拡充を進める動きなどからも，リカレント教育市場の需要は高まりを続けていく見通しである〔矢野経済研究所2022〕。

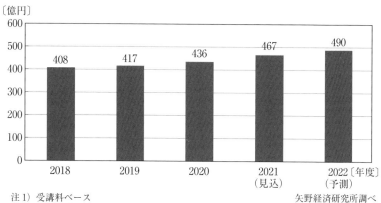

注1）受講料ベース　　　　　　　　　　　　　　　　矢野経済研究所調べ
注2）2021年度は見込値，2022年度は予測値
注3）大学が社会人を対象に提供する履修証明プログラム，科目等履修生制度，大学院の修士課程・専門職学位課程，および民間事業者が社会人を対象に提供する「リカレント教育」に資する学習プログラムを対象とする。

図5.6　リカレント教育市場規模推移〔矢野経済研究所2022〕

2．社会人教育に関わる施策と大学などでの事例

　社会人教育として，リカレント教育を促進させるため，文部科学省，経済産業省，厚生労働省の3省が中心となり，さまざまな制度整備や施策を行っている。

　リカレント教育は，欧米では長期間にわたって「フルタイム」の就学・就労を繰り返すことが推奨されているが，日本独特の就労環境から日本では広義の意味で解釈され，学び直しとして働きながら学べる環境の整備が求められてきた。

　文部科学省は，これまで社会人などのリカレント教育の機会確保・充実に向け，働きながらでも学べるように，多様な教育プログラムをさまざまな場所・時間で行うことを可能とする種々の制度改正を行ってきた。社会人を受け入れやすくするための「社会人特別選抜」，「編入学」，社会人学生が柔軟に履修期間・内容を選択できるよう，履修方法，履修形態，修業年限の弾力化として「夜間・昼夜開講制」，「科目等履修制度」，「長期履修学生制度」，「修業年限」，「サテライトキャンパス」などである。

　1991年には，大学において，これまでの昼間部・夜間部の区分はせず，「昼夜にわたって授業」を開設することができることを明確化し，1991年の大学設置基準改正により，社会人などに対しパートタイムの学習機会を拡充する観点から，「科目等履修制度」が導入された。

　そして2002年には，社会人などの学生個人の事情に応じて長期にわたり計画的に履修できる「長期履修学生制度」が設けられ，2003年には，社会人の就学上の利便等を図る観点から，いわゆるサテライトキャンパスについての要件の明確化を図る告示が定められた [一色 2021]。

　大学院においても，1989年の改正で，「専ら夜間」において教育を行う修士課程を，1998年には「通信教育」を行う修士課程を置けるようになり，1993年より「科目等履修生制度」を開設することができるようになった。1999年には，修士課程において2年を超える「標準修業年限」を定められるようにした [一色 2021]。

　また，2017年の学校教育法改正により，専門職業人養成のための専門職大学の設置が可能となり [一色 2021]，専門職大学を社会人教育の中心のひとつに据えた。そして2019年に出された「2040年を見据えた大学院教育のあるべき姿〜社会を先導する人材の育成に向けた体質改善の方策〜（審議まとめ）」（平成31年1月22日中央教育審議会大学分科会）[文科省 2019] の中で，大学院における「リカレント教育の充実」が示された。

　この中では，実践的な教育プログラムの展開，社会人の時間的・空間的障壁を低下させる取組促進，履修時間・学事暦の工夫や履修証明プログラムなどの活用

など，などがうたわれている。高度専門職業人を養成する大学院におけるリカレント教育は，きわめて重要な課題となっている。

2020年6月30日の文科省「大学院設置基準の一部を改正する省令」（2020年文部科学省令第24号）［文科省2020］の告示では，「経済財政運営と改革の基本方針2019」（2019年6月21日閣議決定）［内閣府2019］なども踏まえ，「他大学院の単位互換及び入学前の既修得単位の認定の柔軟化」，および「入学前の既修得単位等を勘案した在学期間の短縮」を行うものであり，国内外の大学が連携してリカレント教育を行うことが容易になった。「文科省2019」の中では，「履修証明プログラム」の活用が示されている。

2007年の学校教育法改正では，短期間（現行制度は60時間が下限）での実践的・体系的な教育プログラムの提供により，社会人等の学生以外の者が一定の学習を行った履修成果を証明する「履修証明プログラム」が導入された［一色2021］。

図5.7は，履修証明プログラムの実施状況を示す。「履修証明プログラム」を開設している大学数，証明書交付者数は漸増してきているが，平成27年度実績で，全大学の15％での開設，3,000人弱の交付にとどまっており，履修証明制度がまだ十分に普及しているとはいえない［文科省2018］。

リカレント教育推進のために，経済産業省は競争力強化に向けた環境・機運の醸成として，「学びと社会の連携促進事業」（令和4年度概算要求25.0億円），「地域デジタル人材育成・確保推進事業」（令和4年度概算要求で新規に9.0億円を計上），「独立行政法人情報処理推進機構運営費交付金」（令和4年度概算要求58.3億円），「大企業等人材による新規事業創造促進事業」（令和4年度概算要求8.2億円）などを，企業にとって注目したい施策として掲げている［先端教育2022a］。

厚生労働省は，労働者・求職者の職業の安定に資するための職業能力開発，環境整備のための支援として，職業訓練等の訓練費や訓練期間中の賃金の一部等を助成する「人材開発支援助成金」や，企業の生産性向上に必要な知識・スキルを修得するための訓練を提供する「生産性向上支援訓練」といった制度を設けている［先端教育2022a］。

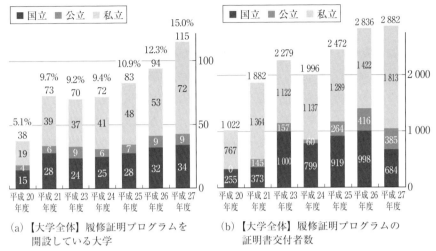

「大学における教育内容等の改革状況」（文部科学省）より。
平成22年度調査は，東日本大震災の影響を考慮し実施せず。

図5.7　履修証明プログラムの実施状況 ［文科省2018］

　これまで述べたように，現役社会人が勤務を続けながら学び直しができるような制度整備が行われてきた。実際に多くの大学が，主に社会人向けに公開講座，エクステンションプログラムを提供している。ただし，それらはビジネススキルの向上に直結するものというより，一般教養的なものが大半，という感がある。しかし，その中でも実質的なリカレント教育拠点として社会人教育を行っている大学の事例を取り上げる。

　特に，大学院がリカレント教育の担い手になることが期待されており，実際に各大学の大学院経営学修士（MBA）や，筑波大学大学院，慶應義塾大学大学院システムデザイン・マネジメント研究科 ［SDM］，産業技術大学院大学などの社会人が学びやすい大学院が存在する。

　筑波大学東京キャンパス社会人大学院 ［鈴木2021］は，我が国最初のリカレント教育に特化した大学院（夜間）として1989年に設立された。社会人が自ら解決したい実務課題を大学院に持ち込んでもらい，アカデミックな思考にたけた教員と一緒に理論的な考察を加え，解決策を練り修士論文にまとめる試みを行ってい

る。

産業技術大学院大学［産技大a，産技大b］は，専門職大学院として産業技術分野の高度専門職業人を養成している。社会人が約8割で問題解決型学習（PBL：Problem Based Learning）を導入し，実践的で体験的な教育プログラムが設けられている。文部科学省補助事業「デジタルを活用した大学・高専教育高度化プラン」［文科省事業a］の実施機関として，他大学と連携し，技能実習の効率的な遠隔教育方法を開拓するため，授業コンテンツの効果的なデジタル化や他機関との相互参照を行えるプラットホームの構築が進められている。

東京電機大学国際化サイバーセキュリティ学特別コース（CySec）［寺田2021］は，社会人向けの高度サイバーセキュリティ専門家を養成することを目的とした「履修証明プログラム」である。第一線のセキュリティ研究を行っている東京電機大学教員のほかに，海外も含む外部の最先端セキュリティ専門家を招き，国内外の事例紹介や最新動向，先端ケーススタディを取り入れた演習，アクティブ・ラーニングスタイルを取り入れたインタラクティブな授業が行われている。そして学校教育法に基づく履修証明制度により，修了者には，「国際化サイバーセキュリティ学特別コース履修証明書」を授与している。

2007年12月に改正学校教育法が施行され，大学に，学部・大学院の博士課程と並んで，社会人に一定のまとまりのあるプログラムを提供し「履修証明」を授与する課程の設置が認められ，日本女子大学リカレント教育課程［日本女子大学］は，2015年12月，文部科学省「職業実践力育成プログラム（BP）」［文科省事業b］に認定された。女性が自信を持って再出発できるよう，受講生一人ひとりの資質に即した学び直しプログラムをさらに充実させ，実践的かつ親身な再就職を支援する。

早稲田大学を中心とした［スマートエスイー］は，文部科学省の平成29年度「成長分野を支える情報技術人材の育成拠点の形成（enPiT）」［文科省事業c］に採択され，産学連携での情報技術人材育成のためのリカレント教育の取り組みとして，スマートエスイー：スマートシステム＆サービス技術の産学連携イノベーティブ人材育成が進められている。ここでは大学と企業から講師を招いたオンラインと

対面のブレンド型教育での履修証明プログラムが実施されている。

　東京理科大学理学部第二部履修証明プログラム［東京理科大］は，社会人を対象として，さまざまな目的のもとに専門的な知識や幅広い教養を修得したいという社会的需要に応えるための教育プログラム（データサイエンスプログラム，統計学入門プログラム，数理モデリングプログラムなど）である。各プログラム修了者（各プログラムとも総時間数60時間以上）には学校教育法などの規定に基づくプログラムであること，およびその名称などを記した履修証明書を交付する。

　ネットの大学 managara ［先端教育 2022b］は，大学卒業・学士号の取得が可能な完全オンラインで学ぶ大学である。現在，主な学生の世代は，高校から進学した世代であるが，2020年1月には，日本プロ野球選手会と「プロ野球選手のセカンドキャリアに係る特待生制度」に関する協定を締結し，スポーツ選手のセカンドキャリア構築や学び直しに貢献していく。今後，履修証明プログラムの整備を計画中でリカレント教育の場としても注目される。

　上記のように，リカレント教育に力を入れる大学・大学院が出てきてはいるが，まだリカレント教育として十分に利活用されているとはいえない。

　［鈴木 2021］は，「企業は，社内事情や企業秘密の外部流出を恐れ，従業員が社外の人と共に学ぶことを是としない傾向にあり，社外から外部講師を招いて社内で従業員教育をする傾向が強い」と述べ，企業が企業内教育に頼る傾向があることを示唆している。

　実際に，［先端教育 2022c］では，リスキリングを進める先進企業事例として日立製作所，NTT データ，ヤフー，富士通，三菱商事，中部電力があげられている。いずれの企業も DX 対応を見つめながら，デジタルリテラシー底上げのための IT・デジタル技術の学びを目的としている。

　ただし，企業は経営効率化が求められ人材育成にマンパワーをさけられない状況であり，リカレント教育においても外部機関のサービスに委ねざるをえない状況に変わりはない。外部機関としてリカレント教育に関連するサービスを行う民間の研修機関等があるが，これまでは単発のスキルアップセミナーなどが主流であり，体系的な教育サービスを実施しているところはまだ少ない。

リカレント教育としての個人のニーズがそこまで顕在化していないことによるものであると考えられるが，リカレント教育の普及施策とともにニーズが健在化すればスキルアッププログラムなどのノウハウを持つ民間の研修機関等が良質なサービスを提供するようになることが十分に予想される。

リカレント教育の定義は，大学に限定されたものでなくなっており，リカレント教育の担い手は必ずしも大学・大学院である必要はなくなっている［乾2021］。2021年12月27日，日本の未来を担う人材の育成のあり方について検討する「教育未来創造会議（議長・岸田文雄内閣総理大臣)」の第1回会合が開催され，その中で学び直し（リカレント教育）を促進するための学び直した成果の適切な評価や，学ぶ意欲がある人への支援の充実や環境の整備があげられた［教育未来創造会議2021］。

今後，ますますリカレント教育への期待が高まる中，これまでリカレント教育として期待されてきた大学などの高等教育機関はどのような立場になっていくかが問われることになる。

5.3　欧米の社会人教育プログラム

1. 欧米のビジネススクール学位プログラム

知識とスキルの向上，ひいては転職によるキャリアアップを目的として，大学院学位プログラムを活用する典型が，欧米を起点としてすでに世界中で一般化している経営学修士号（Master of Business Administration：MBA）である。

アメリカでは，自分のアップスキリングやリスキリングと，転職を通した昇進・昇給を主目的として，大学卒業後3〜5年の就労経験を積んだうえで離職し，2年間のフルタイムプログラムに入学するのが標準的なパターンである。例えば，軍隊を除隊後新たなキャリアを作るために入学，という学生にもよく出会う。

MBAは，修士号という正式な学位であるため，基本的には大学院として各国の教育省の許認可を受けている。またそれに加え，教育の質保証を目的として，

非営利団体の Association to Advance Collegiate Schools of Business［AACSB］が認証機関として設置され，1,700 校以上が登録され，50 か国 900 校強が正式な認証を取得している。

特にアメリカのビジネススクールは，水準が高く，世界中からの留学生を惹き付けている。その一方で，2 年間の授業料が 140,000 米ドル前後に達し，かつこの間の収入の喪失という機会コストや生活費の負担を考慮に入れると，日本円で 3,000 万円からそれ以上の費用を要すると試算される。基本的にはすべて自己負担であり，日本以外では企業派遣の学生はきわめて限定的である。これだけの投資を行うため，それ相応のリターンを「何が何でも勝ち取るんだ」という強い決意が，姿勢（Attitude）にも反映されることとなる。

またフルタイムプログラムに加えて，働きながら通えるイブニング MBA，エグゼクティブ MBA，オンライン MBA なども幅広く提供されている。これらは必ずしも転職を主目的とせず，2 年間の間に修士号の要件を満たす単位を取得する学位プログラムである。修了までに要する学費総額は，80,000～100,000 米ドル超と，フルタイム MBA より若干安価になるが，依然多くの費用を要する。これは，修士号取得に求められる単位数に対し，各大学が設定している単位当り単価の積算により学費が決定されるためである。

また MBA 以外の修士号の選択肢として，特定領域に特化した Master of Science（MS）プログラムも併せて提供されている場合がある。例えば，MS in マーケティング，MS in 財務分析，MS in ビジネス分析などである。こうしたプログラムの学習期間は最短 1 年で，単位取得数が MBA の 50～60％であることにより，それに応じて学費が抑制されている。

ちなみにこの自己投資を，仮に 5 年で回収することを目標として試算すると，卒業後に前給与に対比して 600～700 万円の昇給を継続した場合に，やっと達成できる。そして就学中の 2 年間に加え，応募準備自体にも数年の時間を要しているため，実際にはこうした非金銭の時間コストも考慮に入れるべきである。

一方で，初期投資の回収後も同水準あるいはそれ以上の報酬を継続できる場合，それ以降は潤沢な超過収益を得られる投資，ということになる。よって，多額の

学費ローンを組む学生も多い。また，発展途上国からの参加者には，自宅を売却し家族帯同で留学し，そのまま移住するパターンもみられる。

2．アメリカのノンディグリー（非学位），エクステンションプログラム

アメリカの大学では，高額な学費が必要な学位プログラムだけでなく，各人のニーズに基づき科目単位での受講が可能なエクステンションプログラムが広く提供されている。

これらはビジネス関連の科目が大部分で，例えば，日本でも知名度の高いカリフォルニア大学ロサンゼルス校（UCLA）では，会計＆税務・建築＆インテリアデザイン・ビジネス＆マネジメント・デザイン＆アート・デジタルテクノロジー・教育・エンジニアリング・エンターテインメント・環境＆公共政策・財務＆投資・ヘルスケア＆カウンセリング・人文社会学・景観設計＆園芸・言語・法務・不動産・サイエンス＆数学・ライティング＆ジャーナリズム・シニア向け生涯学習・知的／発達障害者向けプログラムといった広範な科目が提供されている [UCLA 2022]。

大部分のプログラムでは修了証が発行されるため，受講者にとっては，学習を通した知識とスキルの向上に加え，修了の事実を履歴書に記入できることが，きわめて大きな動機付けになっている。

講義の多くが，対面授業に加えオンラインで提供されているため，海外からでも受講が可能であることに加え，オンデマンド形式である場合は時差を気にする必要がない。これは，受講者および大学側の双方にとって大きなメリットである。

受講料はプログラムにより異なるが，おおよそ150～250米ドル程度の応募選考料と，プログラム受講料3,000～6,000米ドル，および科目に応じたテキスト数百米ドルである。また公式な成績証明書（Transcript）の発行を受けることも可能であり，他大学に応募する場合や求職時の添付書類として有用である。

また，受講者の授業料負担の軽減策として，財務支援・奨学金・学費割引・軍人および退役軍人向け優遇措置・税控除などが提供されている。さらに，一定の基準を充足した修了者には，修了証授与式への参加が認められることに加え，

UCLA 卒業生組織（Alumni Association）サービスに登録され，ネットワーキングイベントや懇親会などの行事への参加と各種のキャリア開発サービスを受けることが可能になる。

　こうしたエクステンションプログラムは，その名のとおり大学本体のプログラムとサービス内容を一般社会人向けに延長したものといえる。社会人側は，こういった大学サービスを積極的に活用し，自分のキャリアアップに活用している。また大学側も，重要な収入源のみならず，そしてフルタイム以外の教員確保の場としても有効に活用している。

　なお，UCLA エクステンションでは，個人学習に加え，企業や団体の従業員教育も提供している。これは最短 1 日のセミナーから 12 週間のプログラムまで，発注する組織のニーズに基づき，カスタマイズして提供される。各大学はこうしたエクステンションプログラムを通して，個人のスキルアップや転職支援と，企業・組織の研修ニーズの両方に対応している。

3．大学による企業向け研究・教育・人材育成プログラム

　UCLA の例でも述べたとおり，大学による企業向け人材育成プログラムの提供に際しては，提供先の各企業の要望や状況に応じたカスタマイズがきわめて重要である。

　アメリカマサチューセッツ工科大学（Massachusetts Institute of Technology：MIT）[MIT] においても，同大学が持つさまざまな研究成果・教員を中心とした教育リソース・カリキュラムなどを，それらを必要とする会員企業にカスタマイズして提供することができるインダストリアル・リエゾン・プログラム（Industrial Liaison Program：ILP）[ILP] を組織化している。

　この学内組織は，30 人ほどのプログラム・ディレクターと呼ばれるリエゾンが，世界各国の 600 社を超える会員企業の職種や各社からの連携要望に応じて割り振られ，共同研究・MIT 主催の各種セミナー・インターンやポスドクの派遣などについて親身に対応を行う仕組みを構築している。

　これらのプログラム・ディレクターたちは，多くが MIT をはじめとする著名

大学の博士号（Ph.D.）所持者であり，基礎および先端技術に対する幅広い理解力と，それに基づく学内のリソースに関する横断的知見を持ちあわせており，企業からの各種相談に幅広く対応することができる。

　また，サバティカル制度をはじめ，学内の教授陣への兼業の仲介，インターンシップ学生の特許の取りまとめ，ベンチャーの立ち上げなどを通して，連携先の企業活動や産業動向などについての情報収集にも貢献しており，まさに産学連携の窓口として大学運営の重要な一翼を担っている。

　社会人教育という観点では，同大学は MOOCs の先駆けのひとつである edX（エデックス）［edX］を，近隣のハーバード大学などとともに 2012 年に開始した。同プログラムは日本の大学も含む 160 以上の国際的大学のアライアンスに発展するまでになったが，2021 年には 8 億米ドル（約 920 億円）という巨額で，民間の［2U］に事業移管された。これには 3,000 を超える高品位なオンラインプログラムと 3,500 万人の登録ユーザが含まれており，毎日 50 万人前後が履修しているとされる。

　大学による社会人教育事業の創出という意味では大きな成功を収めたといえるが，同大学の関係者からは，MOOCs 的事業を大学自らが行うビジネスモデルは「死んだ」という声も聞かれる。

　ILP に加え，同校の同窓会組織 MIT Alumni Association［MIT AA］は，単なる卒業生の親睦団体にとどまらず，MIT での履修生への自己学習のための継続的機会の提供，転職や事業の立上げの際の情報交換などを通して，まさに産業活動の芽を育むインキュベータとして長年機能してきた。

　これらの点で，MIT の産学連携活動は，研究成果を提供して収益を得ることが主たるビジネスモデルである日本の大学の産学連携組織にはみられない多くの機能を果たしている。これらは企業間・産学官内での転職が多い米国の事情を反映したものであるとはいえ，日本の大学が今後，企業・社会人に向けたリカレント教育を事業として展開していくうえで，良い面でも教訓面でも，先行事例として参考になると考えられる。

4．欧米のエグゼクティブ エデュケーションプログラム（EEP）

　グローバル経営人材育成プログラムの事例として，世界経済をリードする多国籍企業などのリーダー達が，リーダーシップなどのマネジメント能力を継続的に開発するために，70年以上にわたりグローバル経営人材教育において重要な役割を果たしている，欧米の社会人教育 エグゼクティブ エデュケーション（Executive Education：EE）プログラムについて報告する。

⑴　EE プログラムの創生背景と歴史

　世界のビジネススクール（経営学大学院）が運営する EE は，20世紀初頭に創生され，欧米の国家機関や多国籍企業などによる活用が70年以上前から始まった。世界の大学基盤の社会人教育コンソーシアムである UNICON によると，EE のルーツは Frederick Taylor が20世紀初頭に The Principle of Scientific Management に記述している MIT の技術系人材教育を主体とした Scientific Management and Engineering Administration Courses にさかのぼるとされる。

　そして今日の EE は，第二次世界大戦後にアメリカの先進的な大学から始まった（ハーバード大学；1945年，ノースウェスタン大学；1951年，コロンビア大学；1951年，ペンシルベニア大学；1953年）管理職向けプログラムが始まりとされる。アメリカにおける経営人材育成の視点から，優秀な社会人を育成するビジネススクールの役割が経営革命とともに発展してきた。

　1945年に，ハーバードビジネススクールによる13週間の EE プログラム Advanced Management Program（AMP）が開始された。その EE の流れは第二次世界大戦後から先進国の高度経済成長の波に乗って1960年代に活発化し，その後，米国50校以上のビジネススクールへ，そして1970年代になると欧州を始め世界へと拡大した。

⑵　EE プログラムの教育的位置付け

　EE の教育的位置付けを理解しやすくするために，世界のビジネススクール調査からビジネススクールにおける平均的な EE の位置付けを図5.8に示す。同図で示されるように，世界のビジネススクール教育は，およそ2つに分類される。

　ひとつ目は，修士課程や博士課程など学位取得のあるディグリー（学位）プロ

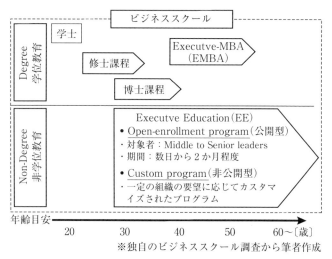

図 5.8　Executive Education Program の位置付け

グラムで，主に 20 歳代〜40 歳位までの学生がほぼフルタイムで学習する形式に
分類される。近年ではエグゼクティブ MBA（EMBA）という時間的拘束が比較
的少ないエグゼクティブ向けの修士号取得プログラムを提供する大学も増えてき
た。日本ではこの学位プログラムが主体となっている。

　2 つ目は，学位取得のないノンディグリープログラムを提供する EE に分類さ
れる。EE で特筆すべきことは若年のマネジメント層からシニアマネジメント層
までをカバーする対象幅の広さであり，30 歳代〜50 歳代など年代を超えた人材
層を網羅するプログラムを提供していることである。英国ファイナンシャルタイ
ムズ（Financial Times：FT）紙の FT Executive Education Rankings 2018
Open‐enrollment program によると，上位 30 校のうち 7 か国の欧州校（スイ
ス・イギリス・スペイン・アメリカ・フランス・スウェーデン・イタリア）が半
数の 15 校を占め，北米校（アメリカとカナダ）の 12 校を上回り，上位 5 校のう
ち，スイス・イギリス・スペインおよびフランスの欧州校 4 校が占めるなど，欧
州校の躍進が目立った。上位 30 位のうち，アジアは中国が 2 校ランクインした
が，日本の大学は上位 80 位にも確認されなかった（表 5.2）。

表5.2　Executive Education オープンプログラム上位30校（2018年）

BS Ranking	ビジネススクール（BS）	拠点国
1	IMD Business School	スイス
2	University of Oxford: Saïd	イギリス
3	Iese Business School	スペイン
4	Harvard Business School	アメリカ
5	INSEAD フランス	フランス
6	University of Michigan: Ross	アメリカ
7	Stanford Graduate School of Business	アメリカ
8	University of Chicago: Booth	アメリカ
9	Center for Creative Leadership	アメリカ
9	University of Virginia: Darden	アメリカ
11	ESMT Berlin	ドイツ
12	University of Pennsylvania: Wharton	アメリカ
13	London Business School	イギリス
14	HEC Paris	フランス
15	University of Toronto: Rotman	カナダ
16	UCLA: Anderson	アメリカ
17	Shanghai Jiao Tong University: Antai	中国
18	Henley Business School	イギリス
19	Fundação Dom Cabral	ブラジル
20	MIT Sloan	アメリカ
21	Esade Business School	スペイン
22	Columbia Business School	アメリカ
23	Essec Business School	フランス
23	Thunderbird School of Global Management at ASU	アメリカ
25	Stockholm School of Economics	スウエーデン
25	IE Business School	スペイン
27	University of Cambridge: Judge	イギリス
28	SDA Bocconi	イタリア
28	University of St Gallen	スイス
30	Ceibs	中国

(3)　EE プログラムの主な内容

　EE ではグローバル経営人材育成を大きなミッションとしていることから，チームや組織を牽引するための「リーダーシップ」，すべてのバリューチェーンを理解するための「ジェネラルマネジメント」，新たな価値創造ということからは

「イノベーション」，組織を左右するような判断力を培う「意思決定」，そして，実践力を磨くための「戦略と実行」といったシニアリーダーに求められる内容が多い。

　加えて，ボリュームゾーンのミドルリーダーも対象としていることから，ビジネススキルの基礎である「財務会計」，「マーケティング」といったプログラムが多様に用意されている。最近では，デジタル化戦略を立案する必要が増していることから，DX のプログラムも多く展開されるようになってきた。

(4)　EE プログラムの有用性

　EE が展開する公開型プログラムの参加費用は 1 週間約 1 万米ドル程度と，非常に高価である。しかしながら参加するグローバルリーダー達は，企業派遣や個人参加ともに年々増加しており，その勢いはコロナ禍の中でも衰えていない。それには以下の理由が考えられる。

　(a)　**国際的な参加者多様性**　　多様な国籍のグローバル企業のトップリーダーが集まっている（各層のハイポテンシャル人材），グローバルリーダーとのディスカッションから，異文化理解力を高めること，異なる業種・職種の人と交流することで異なるバリューチェーンを理解することができる。講師からのインプットも重要だが，それ以上に，世界からの参加者からの世界標準のリーダーとしてのあり方，意識の高さに刺激を受け，非日常空間で新たな知識を得て視野を広げることができる。

　(b)　**国際的・専門性における講師多様性**　　国際的かつ地球的規模のビジネスに対応可能な講師陣の質と多様性，そして直近の課題を研究するスター教授の講義聴講が可能である。

　(c)　**一流校での履修の証**　　ハーバードビジネススクール・スタンフォー経営大学院・オックスフォード大学サイードビジネススクール・MIT スローンビジネススクールなどの一流校からの正式な履修証明書（欧米では学位に準ずる学歴として重視されている）が受領できる。

　(d)　**適度な参加期間**　　EE は参加期間が数日のプログラムから，長いものでも 2 か月未満となっており，「人生 100 年時代」に求められるアジャイルな

学び直しが可能である。

(5)　日本での状況

　日本には，企業や企業人の発展や開発を助ける非学位の社会人教育が大学では
十分整備されておらず，社会人の直接的なキャリア開発に寄与するリカレント教
育の仕組みを系統的に作り上げることが求められている。またグローバル化が進
む中，日本人だけで学ぶような多様性に欠ける学習環境ではグローバル人材育成
は困難である。

　グローバル化時代に対応するためには，欧米の EE などの海外の大学との連携
を行い，多様性の高いリカレント教育の場を創造することで，参加者は多様な課
題解決の考え方に触れ，受容するプロセスに身を置く場の提供が可能になるので
ある。

5.4　東南アジアの社会人教育プログラム

1．東南アジアのビジネススクールおよび学位プログラム

　欧米のみならず，東南アジア諸国でも同様に，大学がその周辺地域の生涯教育
の機会，ひいては職業上必要な知識・技術を修得する場として，学内外に学習プ
ログラムを積極的に提供している。

　例えば，シンガポール国立大学（NUS）は，MBA 取得のためのビジネススク
ールに加え，修士学位 MS 取得プログラムとして，インダストリー4.0，デジタ
ルファイナンシャルテクノロジー，ビジネス分析，コンピューティング，建築保
存，都市設計，景観建築，ビルパフォーマンス・サステナビリティ，統合サステ
ナブルデザイン，プロジェクトマネジメント，ベンチャー創造，海洋技術・経営，
などのコースが提供されている。履修期間は専攻により異なり，フルタイムで
12〜18 カ月，パートタイムで 18〜36 カ月である。また，法学修士，コミュニケ
ーション社会科学修士，芸術・文化起業人文科学修士など，職業上のスキルアッ
プ，キャリアアップと修士プログラムが密接に連携している。

　またマレーシアでは，マレーシア工科大学やマレーシア科学大学といった国立の工科系大学でも，大学院として国際ビジネススクールを設置し，学位プログラムを提供している。これらの中には，週末のみ通学が必要な学位プログラムも提供されている。また私立大学などでも多くが MBA を提供しており，駅や路上の広告やラジオのコマーシャルなどで，一般の生活用品と並ぶような形で日常的に情報発信されている。

2．東南アジアのノンディグリープログラムとエクステンションプログラム

　東南アジアの諸大学も，やはりその国あるいは周辺コミュニティに職業上のスキルアップ機会を提供する役割を担うとともに，自らの事業領域の拡大と収益源の多様化のため，社会人向け教育プログラムの提供に積極的に取り組んでいる。

　その好例の1つが NUS の School of Continuing and Lifelong Education (SCALE) の中の Continued Educational and Training (CET) [NUS SCALE CET] である。この CET では，修士課程に連動し単位を取得できるエグゼクティブ，グラデュエイト，スペシャリストという3種類の修了証，および単位がないものの，特定の産業に有効なスキルの習得に直結するプロフェッショナル修了証など，実社会および各個人のニーズにきめ細かく対応したプログラムを提供している。これらのプログラムにはアップスキリングが共通のキーワードとなっている。

　他方，企業向けにも学習・スキル開発プログラムが積極的に提供されており，特に 5G &通信技術，アドバンスト・マニュファクチャリング，人工知能，サイバーセキュリティ，データサイエンスといった最先端技術と，リーダーシップ&マネジメント，ソフトスキルなど経営関連スキルの両方が提供されている。

　さらには，雇用者である企業が，キャリアの中盤にさしかかった自社従業員を他業種や他職種に対応できるようリスキリングするためのキャリアコンバージョンプログラム（CCP）も提供されている。これは企業のニーズに基づいて3～12ヵ月のプログラムで設計される。すなわち，ビジネス環境の変化に応じた従業員のスキル再教育は企業の役割という認識のもと，大学と連携し積極的に学習機会を供しているという点に，企業側の経営的視点および大学側のコンテンツ設計の

両面において先進性が感じられる。

5.5　社会人教育の課題とコロナ禍での状況

1．欧米のビジネススクール

　5.3 節では欧米ビジネススクールが中心となって展開されている EE の有用性について解説したが，欧米の EE における社会人教育は，欧米参加者と欧米のケーススタディが中心となっており，アジアからの参加者にとって必ずしも理想的な社会人教育環境とはいえない。

　欧米のビジネススクールは，70 余年をかけて成長してきたので，アジアのビジネススクールが独自のプログラム展開を一朝一夕に築くことは難しいが，アジア圏の課題に特化したプログラムを考えることや，今後大きな発展が期待されるアジアの経済成長をアジア人材が担うために，アジア規模でグローバル経営人材育成の仕組みを構築することは大変有意義と思われる。

　実際に，シンガポール国立大学（NUS）は，米国のスタンフォード経営大学院と連携して stanford NUS Executive Program in International Management [Stanford NUS] を展開しており，アジアの人たちのみならず，アジアに商機を見出したい欧米人にも人気のプログラムとなっている。

2．欧米のオンラインプログラム

　エドテック（EdTech）という言葉が聞かれるようになって久しいが，教育におけるデジタル化が進み，世界の国々の物理的距離や経済的なアクセスといった壁が取り除かれつつある。欧米のビジネススクールが率先してオンデマンド授業を開始し，世界のどの国であっても，貧富の差に関係なく，上質なビジネス知識を学ぶ機会を得ることができるようになった。

　Coursera [Coursera] や edX [edX] などの MOOCs（4.1 節で詳述）には，ハーバードビジネススクール，スタンフォード経営大学院，ペンシルベニア大学ウォ

ートンスクールといった世界トップクラスのビジネススクールが作成した動画授業が掲載されており，閲覧だけであれば無料で受講できたり，数十米ドルの授業料を支払えば，4週間程度の学習ができたり，大学から正式な修了証を取得することができる。こちらは個人利用が多い。

　一方，グローバル企業が従業員の継続的なビジネススキル学習をサポートするケースが多くみられ，ハーバードビジネスレビュー（Harvard Business Review）の発行元であるハーバードビジネス出版（Harvard Business Publishing）が，ビジネススキル学習のコンテンツを作成している比較的安価な学習プラットホームが用意されている［Harvard MM］。

　そのほかにも，IMDビジネススクール，スタンフォード経営大学院やペンシルベニア大学ウォートンスクールなども，企業向けの非同期型のオンライン学習コンテンツを提供しており，同期型のウェビナーと自在に組み合わせるなど，多様な学習形式を組み合わせるブレンド型学習（Blended Learning）が主流になりつつある。

3．新型コロナ感染症環境下での企業における研修プログラム

　企業においては，5.3節で解説された欧米のEEへの派遣や欧米EEのコンテンツを個別企業内研修にアレンジしたカスタムプログラム（Custom Program）を活用しグローバル幹部育成研修などを行ってきている。

　カスタムプログラムについては，全世界のグループ会社のリーダー層を欧米ビジネススクールのキャンパスに集めて開催していたグローバル企業も多数ある。これらのプログラムは2020年3月頃より新型コロナ感染症の影響で急遽中止あるいは延期をせざるを得ない事態に直面した。いつまで延期をすればよいのかという判断も難しいなか，代替手段としてまずあがったのは5.5.2項で紹介されたオンラインプログラムであった。ビジネススクールが有する学術的コンテンツを得るという点はこれで満たせた一方で，世界中のビジネスリーダーが一同に集うことで深められていた議論・学びという側面は，オンラインのチーム議論でどこまで満たせるのかという課題が残った。

　オンライン技術が高度化しても，まだどうしても解決できないのが「時差」の問題である。ブレンド型学習を企業内のグローバル研修でいかに設計するかという点については，時差を気にせずに議論が進むようにチームをアメリカ・欧州・アジアなどの地域で分けるなどの工夫も行われた。また地域を越え，文化圏を交えた議論やネットワークを重視するケースでは，プログラム全体の設計に次のような工夫を行った場合もある。

1)　グローバル全体で全員同時参加は，一部に夜中や早朝の参加者も出てしまうので，集中して議論ができる質の高い同時性セッションのために，一枠90分以内という設計を行う。

2)　この90分で最高の効果を上げるために，この時間は教授や受講生間でのインタラクティブな議論の時間と位置付け，教授による講義はビデオなどで各自最適な時間で集中して取り組む事前学習とし，この90分ではブレークアウトルームでのグループ討議や討議内容の全体共有の場とする。

3)　こういった事前・自己学習と全体集合学習，またチームごとで行う学習がすべてつながった学習経験（Learning Journey）となるよう，コース全体のスケジュール，事前学習記事・ビデオ，全体講義・討議の録画，各自で強化すべきコンピテンシーの自己評価ツール，上司と作成する育成計画のガイドなどを，受講生・上司・ビジネススクール教授全員がアクセスできる場所に，一元的に活用できるプラットホームとして構築する。

　こういった経験からも，企業とビジネススクールのより深い協業から生まれるクリエイティブな教育プログラムのあり方が，今後求められてくると考えられる。
　また在宅勤務が増加する中で，就労と自己啓発も含む自主学習の時間の境目のあいまいさが，就労管理の観点から企業においては気を付けなくてはならないテーマになっており，テクノロジーが解決できない時差の問題を解消するためにもアジア圏でもEEがより充実することが期待される。企業においても，欧米とアジアのビジネススクールを，それぞれの特性に合わせて織り交ぜて活用する傾向が進展するのではないかと考えられる。

5.6　人材育成目標と学習のモデル

1．人材育成目標

　現代社会の中で求められる人材は，さまざまな定義がされているが，「自ら問題を発見し，まわりを巻き込みながら解決していくことができる人材」であり，今後の課題は，「イノベーティブな発想とグローバルな視点をもち，分野横断で解決できる人材の育成」と置くことができる。

　「経団連2019」では，「Society 5.0時代」において，高等教育に求められている人材要件を図5.9のとおり示している。問題解決力等の能力開発はノウハウなどの知識を提供するだけでは達成しえない。

　アメリカのMBA教育では，「Knowing（知識）」，「Being（価値観，信念）」，

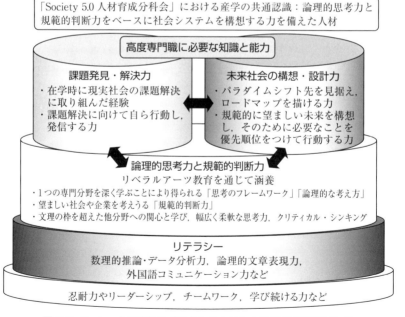

図5.9　Society 5.0時代に求められる人材と大学教育 ［経団連2019］

「Doing（実践）」を統合した「Knowing – Being – Doing モデル」が示されている。また，理工系人材のグローバル・コンピテンシーとして，知識（Knowledge），技術（Skills），姿勢（Attitudes），意識（Identity）が示されている［織田 2018］。

日進月歩の技術革新や，それに伴なう産業構造の変化，およびボーダーレスな国際競争の激化，少子高齢化の中で，企業と従業員の双方が勝ち残っていくためには，そうした環境に順応できる「知識・スキル・態度」を習得するとともに，実践的な経験を通して継続的に高めていくことが必然となる。それらに求められる項目や素養として考えられる要素を以下に列挙する。

(a) **知識**　自社の製品・サービスに関する知識，そのバリューチェーンやプロセスに関連する知識，技術関連職であれば自己の業務の遂行に関する基盤技術およびその背景にある理論や原理などの基礎知識，関連する周辺技術に関する基本的理解，業界動向や他社製品・サービスに対する知識など，いわゆるハードスキルが必要となる。

(b) **スキル**　チームワーク力，コミュニケーション力，プロジェクトなどを主体的あるいはチームの一員として取りまとめる力，問題分析・抽出力，問題解決能力，その基盤である論理的構成力，クリティカルシンキング力，未来洞察力，チームを牽引するリーダーシップ，部下育成力，社内外の協力者と協議する折衝力など，いわゆるソフトスキル。また，既存知識を別領域に応用する発想力，新たなニーズやビジネス機会を創出する力，それを新製品・新サービスあるいは新事業として計画案に落とし込むデザイン力などの応用力も含む。

(c) **姿勢・態度**　自分のスキルや価値を自発的に向上する自己研鑽，自分の専門領域外の可能性を模索する柔軟性，新たなものを受け入れ学ぼうとする姿勢，生涯学び続ける意欲，世界や社会の環境変化の冷静な認識，異なった価値観の世界や社会および人々を理解しようとする姿勢，困難な局面に立ち向かう姿勢など。

これらをからめると，能力開発としては，「知識」，「スキル」の習得と能力開発，「姿勢・態度」の醸成，実践としての「経験」の場が求められているといえる。

2. 学習のモデル

1. で示した人材育成目標より, 高等教育, リカレント教育の新しいモデルを以下に提案する (図5.10)。

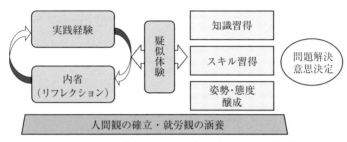

図5.10 高等教育・リカレント教育のモデル (仮説)

問題解決するための必要な知識やスキルに関するノウハウなどを知識として提供したうえで, 疑似経験や実践経験として適切な機会を提供すること。そして3.1節で示されている Kolb の「経験学習モデル」や,「学習における意図的なリフレクション」として, 経験したことを振り返り, 経験から学ばせる内省の機会を持ち, 次なる機会に望ませるサイクルを継続的にとらせることが必要であると考える。

知識やスキルの習得とともに, 困難な局面に逃げずに立ち向かったり, 新しい環境に飛び込んだり, 新たな分野の知識を積極的に学ぼうとしたり, 異なる価値観を受け入れたりする姿勢や態度, 意識を醸成することも求められる。

生涯学習における自律的な学習には, その人の人生観や就労観に影響される部分もある。高等教育含めて社会に出る前に, 場合によっては人間観の確立や就労観の涵養が求められる。

教育プログラムを考える際には, コンテンツとともに学習参加者の工夫も必要である。グローバル化の中で, 外国人と対等に話し合うために日本人だけで学んでいては真のグローバル化に対応できる人材育成は難しい。適切な機会の提供として, 問題解決型学習 (PBL) など, 外国人とともに学ぶ場を提供することも重要になる。多様性, 異文化間コミュニケーションを通し, ほかの参加者から刺激

を受けることによって次なる学習動機へと向かう。

　教育手法としては，対面とオンラインをブレンド型にした国際連携プログラムの実現が求められる。外国人とともに学ぶ場の提供として，必ずしも対面ではなく，IT 技術を駆使してオンラインで実現することも有効な手段である。対面による濃厚な関係の中で学べることは多くがあるが，慣れる場としてオンラインにより，気軽に参加できる機会を多く提供することも重要である。

　プログラムコンテンツは，特にリカレント教育においては実践的な課題解決の内容として，企業の実務課題に則したロールプレイングやケーススタディ，ケースメソッドの手法を取り入れることが有効である。これらの疑似体験を通して学ぶことで終わりではなく，実践経験を通して学んだスキル等を定着させることも忘れてはならない。社会人のリカレント・リスキリングにおいては，どのような場面を想定し，どのようなリスキリング・アップスキリングを図りたいかなど，学びの目的意識が大切になる。

　さらに，経験を内省（リフレクション）する機会を設け，経験から得られた自己の強みを自覚することで次なる実践場面での能力発揮につながる。能力開発の成果の可視化のために，求める能力基準を明確にすることが学修履歴証明にもつながる。この学修履歴証明により職業上のスキルアップが証明されて，学習者のキャリアにおけるステップアップにつなげられるようになる。この能力基準には，国際的な人材流動への対応を可能とするため，国内・国際間で適正比較できる能力基準が求められる。そのことで，日本企業における外国人の雇用確保を含めた適正な人材確保につながる。

　また，変化が激しい現代社会において，生涯にわたって学び続けなければならないこと，自分のスキルは自分で高めるという意識付けや，学生の能動的な学習，自律的な学習，エンゲージメント（主体的参画）を高めるために学習動機をいかに高めるかが高等教育には求められる。

　動機付けに関する先行研究として以下を紹介する。

　バンデューラが提唱した「社会的学習理論」では，動機付けは主に「外的強化」「代理強化」「自己強化」の3つがあげられている。「外的強化」は外的な環

境によって強化される場合であり，「代理強化」は，学習者の観察対象者の強化の影響を受ける場合であり，「自己強化」は，自分自身で行動に強化を与える場合である。

　また，人を行動に駆り立てる動機を，行動によって得られる「結果期待（Outcome Expectation）」）とその行動を実現できるという「効力期待（Efficacy Expectation）」の2つに分類している。「効力期待」を養う4つの情報として，「成功経験」，「代理経験」，「言語的説得」，「生理的情緒的高揚」があげられている。

　スモールステップとして成功体験を得られたり，成功している人を観察したり，言葉で励まされたり，気持ちの切り替えを行ったりすることで動機付けさる。

　［市川2010］は，「学習動機の二要因モデル」を提唱している（図5.11）。

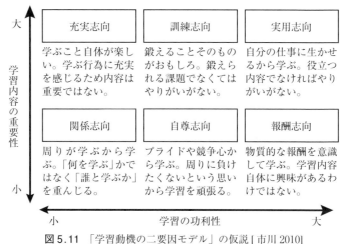

図5.11　「学習動機の二要因モデル」の仮説［市川2010］

　「適切な機会の提供」するうえでも，「外的強化」として単に必要性や危機感を伝えたり，学ぶことの意義を伝えたりして学生に自主的参加を求めるだけでなく（「実用志向」の刺激），学ぶ機会に向かわせるために，まずは「報酬志向」として高等教育におけるカリキュラム必修化などで半強制的に参加させ，リカレント教育におけるマイクロクレデンシャルなどにより学習動機を高めて経験させる。

その中で「成長体験」を通して成長実感をもたせ，「自主強化」としての「訓練志向」や「充実志向」による自主参加の意識を醸成させるなどの工夫も必要となる。

　ここで，大学・教育機関の事例として，京都工芸繊維大学大学院工芸科学研究科博士前期課程科目である「ソーシャル インタラクションデザイン」を取り上げる。これは，情報工学専攻とデザイン学専攻という専攻横断でのPBL科目であり，情報工学とデザイン学というそれぞれ異なる分野を専攻が混在する学生がグループを構成して受講している。

(1) 概要

　この科目では，社会問題を発見し，インタラクションデザインで解決策を提案し，その有用性を検証することを目指している。特徴的な点としては，最終成果物のひとつとしてビジネスプランを作成している点がある。これは，提案解決策が実現可能かつ継続可能であることを示すために作成している。

　2021年度受講者数は47名であり，これを4〜6名のグループを9つに分割した。なお，来日できず海外からオンライン参加だった1名と，都合により個別参加となった1名には個別課題を与えた。

　本科目で使用したオンラインツールを以下に列挙する。

　　①　講義・プレゼン：WebEx Meetings
　　②　時間外の質疑応答，教員からの連絡：Slack
　　③　学生間のコミュニケーション：WebEx Meetings，LINEなど

　また，2021年度の実施内容を図5.12に示す。なお，本科目は水曜日午前中の2コマ科目であり，開講時間帯は午前8時50分〜12時00分であり，原則として午前10時20分から10分間は休憩とした。

　年度当初は，完全対面で開始したが，新型コロナ感染症により，5月12日から完全オンラインに移行した。ただし，講義時間帯（水曜日：8時50分〜12時）は，教員が講義室で待機し，希望するグループには，対面での個別対応を行った。

　以降に，当科目を実施した結果得られた効果・影響，問題点，今後の展開について述べる。

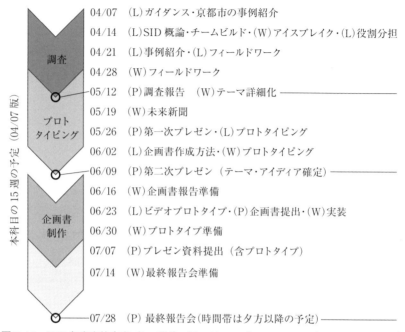

図5.12 2021年度実施内容（L：講義，W：グループワーク，P：プレゼンテーション）

(2) **効果・影響**

① 新型コロナ感染症の影響で来日できない学生も受講できた。

② グループには参加できなかった。

③ 2020年度は，最初から完全オンラインだったが，2021年度はグループ構成し，アイスブレイクまでは対面で行ったためか，2020年度よりもグループ間のコミュニケーションは，少しは改善したと感じる。

④ 移動時間がないために，遅刻が減った。

(3) **問題点**

① オンラインのみではメンバー間のコミュニケーションがうまくいかない。

② 各種プロトタイプ作成のためには，どうしても対面となる場合があった。

③ 対面の部分は海外学生が参加できなかった。

⑷　今後の展開

　本科目は，本来は対面でのグループワークを主体としてものであるため，オンラインによる弊害は小さくない。しかし，オンライン化することによって，遠方からの講演者の招聘，最終報告会に全国から多様な人々の参加，など本科目に関与する人々の層を格段に広げることができた。

　一方で，受講生当人達は，やや物足りなさを感じているところもあり，対面で得られるグループメンバーなど相手の存在感および自身がその場にいるという臨場感をいかにしてオンラインで提供できるかを検討することは，今後の技術的課題である。

　例えば，VR 技術あるいは AR 技術を用いて，仮想空間内に共同作業の場所を用意したり，現実空間内に仮想的に他者や作業空間を重畳したりすることも考えられる。これらは，ある程度は可能になってきているが，現状で実現されているリアリティでは，物理的対面時の置き換えは困難であると考えられる。むしろ，現状のリアリティに合わせた PBL 科目設計あるいはインタラクション設計を行うことが，PBL 科目のオンライン化には有益であると考えられる。

　また，オンラインでのグループワークができるようになれば，時間や場所の制約で従来は参加が困難であった社会人も，当科目のような PBL 科目に参加できる可能性がある。これは，社会人教育の場に，PBL を導入する可能性があることを示唆するものと考えられる。

　ここで示した事例は，大学・教育機関の DX 教育手法の事例である。社会問題を発見させ，オンラインツールを有効活用しながら対面とオンラインをブレンド型で，異分野・異文化間のコミュニケーションを意図的にとらせて問題解決に向かわせている。その中で，チームワーク力，コミュニケーション力，問題分析・抽出力，問題解決能力などのスキルを向上させることを図っている。

5.7　社会人教育のこれからのモデル

1. 企業の人材育成プログラムと教育機関のリカレント教育との連携

　日本において，リカレント教育あるいは産学連携によるリスキリングが進まない背景には，企業と大学の双方における組織運営などに影響を及ぼしている歴史的経緯および社会的慣習があるとの指摘［金子2021］がなされている。

　すなわち，企業においては戦後の復興の過程で，終身雇用制に基づく「メンバーシップ型」の雇用慣行が基本となり，従業員の教育や能力開発は，基本的に業務に関係することについて雇用者主導でなされてきた。これにより，転職が例外的な選択ともいえる状況下では，大学などを含む外部の組織における自律的な能力開発は主流とはなってこなかった。

　対する大学においては，その存在意義が，学生の教育と教員による「知」の集成にあり，高等教育という聖域に閉じこもってきたといっても過言ではない。このため，大学が持つ「知」の企業への提供を目的とした共同研究や，それに付随する社会人博士制度など，産業界へのいくつかの付随サービスはあっても，企業で働く個人の再教育や新規能力の開発などのリカレント教育については，ニーズが高くなかったこともあり，注力されてこなかった。

　一方で「ジョブ型」の雇用慣行を基本とする欧米においては，転職が出世の手段として大きな部分を占めるということもあり，個々人の自主的能力向上に対するニーズや，それに対する教育機関の取り組みは，日本とは異なり高いレベルを維持してきた。また欧米における大学の成り立ちそのものが，高等教育という仕組みができあがる以前のローマ時代から，産業分野での互助組合（Collegium）として発生・発達してきたということも大きく影響している。

　欧米的な「ジョブ型」の雇用慣習と日本的な「メンバーシップ型」の雇用慣習は，どちらかが良く，他方が悪いというものではなく，この両者の得失および日本での社会的合意とその方向性を見極めながら，日本型のやり方を見出していくことが最も現実的で有用である。その中で今後，日本が欧米流の慣行を取り入れ

ていくこととなれば，企業における人事評価や処遇の考え方の変化に合わせて，教育機関における社会人へのリカレント教育のニーズは高まってくると考えられる。

　大学側もそれに向けて，社会人や企業の個別の要望に応じるための支援スタッフ体制の充実や民間の研修事業者との連携・協業なども視野に，サービス思考で日本流の新たな大学の経営モデルを確立していくことが必要となると考えられる。

2．アジアでの大学間連携プログラム

　欧米のみならず，東南アジア諸国においても，大学がその地域の生涯学習，社会人教育，スキル育成プログラムを供給する担い手となっている。

　例えば，エクステンションプログラム（公開講座）や，スキルトレーニングプログラムなどである。こうしたプログラムの受講者である多くの社会人が，自分のスキルは自分で向上すべきものという認識のもと，業務時間外や週末に自費で受講している。その修了証（Certificate）に，個人としても社会としても，その発行元のネームバリューを基盤として十分な価値を見出している。

　また大学側も，収益機会の拡大策として，積極的に取り組んでいる。他大学の教員や，企業エキスパートが講義を担当することも頻繁にあり，大学間連携，あるいは企業間連携が頻繁に実施されている。これは，国公立，私立といった基盤や，大学の経営方針により異なるものの，多くの大学が公開講座やトレーニングを提供している。特に地方になればなるほど，大学が地元の教育機会提供者という役割を担っている。

　一方で，教育コンテンツのオンライン化，それによる受講方法の多様化という点では，2012年開始のCoursera，edXなどを筆頭に，無料あるいは安価での自己学習方法が提供され，米国の有力大学を中心として，すでに一定の基盤が確立されていた。

　そういう状況の中で，新型コロナ感染症によるオンライン学習の急速な進化・採用に伴い，サプライヤー・受講者ともに，リモート学習が一般化・普及した。このDXシフトは，地方都市の大学に大きなメリットをもたらすことになった。

すなわち，これまでの制約要因であった，移動のための距離と時間，コスト，参加人数制限などが，解消あるいは大幅に軽減されたためである。

そもそも東南アジアでは，学部・学科に関わらず，知識ベースのハードスキルはもちろんのこと，コミュニケーション，チームワーク，問題解決力，生涯学習力といったソフトスキルの向上をカリキュラム基準に組み込んでいる。大学側ではその実践の機会として，短期・中期の訪問型モビリティプログラムや他国への留学に力を入れている。

どの国も多人種・多言語を基盤としていることから，多様性を許容する異文化コンピテンシーと英語でのコミュニケーション力は，大学という高等教育の修了者には必須であるためである。

例えば，マレーシアの教育基準の監督官庁である Malaysian Qualifications Agency（MQA）では，大学教育を通して学生が習得すべきスキルとして，表5.3に示した8つの学習成果領域を定めている。こちらでは知識はもとより，実践スキル，責任感，価値観，プロフェッショナリズム，リーダーシップとチームスキル，問題解決力，科学力，情報管理と生涯学習スキル，経営および起業スキルなど，広範かつ生涯に渡る学習成果の修得を求めている。

表5.3　マレーシア教育プログラム基準［MQA 2014］

MQF フレームワークにおける8領域の学習成果：
1. 知識
2. 実践的なスキル
3. 社会的スキルおよび責任
4. 価値，姿勢，プロフェッショナリズム
5. コミュニケーション，リーダーシップ，チームスキル
6. 問題解決および科学的スキル
7. 情報マネジメントおよび生涯学習スキル
8. 経営管理および起業スキル

次にこれらのスキルを網羅的に実体験できる学習機会として，ほとんどの大学が，長期留学に加えて，海外大学生と交流できる短期のモビリティプログラムに力を注いでいる。ただし，実際の渡航型でのモビリティプログラムや留学は，相

当なコスト，時間，そして教員側の負荷を伴うことから，参加できる学生数，および教員数が非常に限られていた。

そこでは，選抜された学生はさらなるスキルアップできる一方で，それ以外は機会を得ることすら困難，という実情がある。これは，主要都市から距離のある地方大学，あるいは予算に限りがある小規模大学ではなおさらである。

こうしたモビリティプログラムのニーズが高い状況において，パンデミック対策としてのオンライン授業への移行が急速に進行したことに伴い，アジア諸国の主要な工科系大学で構成される Asia Technological University Network（ATU-Net）において，2021年1月にモビリティ小委員会が設置され，幹事に任命された芝浦工業大学，および副幹事のスラバヤ工科大学（Institut Teknologi Sepuluh Nopember）を中心として，複数国の大学が合同で授業を行うプログラムが立案され，継続的に実施されている。その2つの事例を紹介する。

⑴　**各国の技術知識と多文化共生促進プログラム Virtual Asia Exploration（VAx）**

まずは，各国大学でニーズの高いモビリティプログラムを，パンデミックへの対処としてオンライン化するとともに，そのメリットを活かし大規模提供するという試験的目標のもと，この VAx が立案され，2021年5月27日〜8月26日の14週間，28時間で試験的に実施された。内容は，芝浦工業大学（日本），マレーシアトレンガヌ大学，マレーシアペルリス大学（マレーシア），スラバヤ工科大学（インドネシア），キングモンクット工科大学トンブリ校（タイ），セブ工科大学（フィリピン）の5か国6大学（ホスト大学）が，それぞれ2回シリーズで，1回目に各国の歴史と文化，2回目に各国の技術や研究活動について講義を行うというものである。

次に，各回とも，リフレクションとして，6人グループで学習内容をディスカッションし，それにより異文化交流を通した相互理解促進を行った。その上で，ファイナルプレゼンテーションにおいて，グループとしての習得内容を全員で発表することで，チームワーク，英語でのサマリー力を向上するとともに，参加者たちが将来的に相互訪問しあうような人間関係の構築を狙いとした。

また，6本の個人レポートおよびグループプレゼンテーション，そして80%以

上の出席を充足した参加者には，ATU-Net から修了証（certificate of completion）と成績証明書を発行し，それを参加学生の所属大学が認定する場合には 2 単位として認定される仕組みとなっている。

募集段階では，7か国（バングラッシュ，ブルネイ，パキスタン，インドネシア，フィリピン，マレーシア，日本）の 13 大学から 286 名が登録し，88 名が修了した。無料で強制力を伴わないことから，途中から不参加になる学生もあり，修了率は 31 ％であった。ただし，88 名の修了者からはおおむね良好な感触を得たこと，およびホスト大学のすべての教員から，今後も協力する意向表明があったことから，VAx Batch2 として継続することになった。

なおこの副産物として，6つのホスト大学間の交流が活発化し，それぞれの大学の学内の国際交流プログラムやカンファレンスに，キーノートスピーカーなどで招聘する機会や，合同プログラムの立案，さらには協定の締結などが生じている。

VAx Batch2 は 2021 年 9 月 4 日～12 月 23 日で実施された。今後も相当数の参加者が見込め，かつホスト大学の教員の協力が見込めることから，次セメスター以降も継続の予定である。

また，各大学および教員が非常に重要視している，国際共著論文の投稿にもつながっている。具体的には，2022 年 4 月にサンディエゴで開催された World Education Research Association（WERA）Focal Meeting で，"Virtual Asia Exploration-Online interdisciplinary program for equitable educational opportunities throughout Asia" として発表した。

今後は，この新たな教育手法を，教育関連の学会誌などに投稿する予定であり，これが教員側のモチベーションにつながっている。

⑵ 産学連携，社会人教育に対象を拡大したアントレプレナーシッププログラム

このプログラム手法の応用として，芝浦工業大学（日本），マラ工科大学，マラッカ工業大学（マレーシア），テルコム大学（インドネシア），セブ工科大学（フィリピン）の 4 か国 5 大学をホストとする起業を目指す「ビジネス学習のアントレプナーシップ（Entrepreneurship）コース」を実施した。本プログラム

では，産学連携の試験的な取り組みとして，企業参加者枠を設定したところ，メーカー企業に勤務する芝浦工業大学の卒業生5名が参加した。なおこのプログラムの立案，実施，およびコンスタントな改善は，リーンスタートアップの手法を参考にしている。

すなわち，最初から完璧な内容の準備を必須前提とせず，新たなプログラムを試行的に開始し，参加者や教員の反応を見ながら常に改善していく形である。これも，オンラインの特性を活かした新たなプログラム提供方法といえる。

以上のように，パンデミックによりオンライン授業の形式が世界的に進む中で，DXを活用した新たなプログラムが東南アジアでスタートしている。これにより，英語を共通言語として，コスト，移動時間，地理的距離といった従前の課題を解消した，多文化交流の学習機会を得ることが容易になっている。

3．その他の社会的視点
(1) 各人の能力・スキル・専門的知識の証としての学修歴のDX

企業の活動がグローバル化する中で，各国・各事業所での雇用時の能力評価，個別従業員の異動や組織改編の際の人的リソース最適化に向けた従業員の能力把握のため，各従業員の社内外の教育履歴やその到達レベルを，グローバルかつ網羅的に管理・把握することが以前にも増して求められるようになってきた。そのため，質保証を伴なった国際連携でのマイクロクレデンシャル，およびそのデジタルバッジ化は，企業内外における人材マネジメントの基盤を下支えし，かつ客観性・世界共通性を保証する重要な要素となる可能性を有している。

また転職による人材の流動性が高まる中では，各企業での研修履歴を個々の被雇用者が，そのレベルとともに組織間で引き継ぐことができれば，雇用者および被雇用者の両方が人材管理を効率化するうえで大きく役立つと考えられる。各企業の社内情報と個人情報ともいえる各自のスキル情報の管理の独立性が確保される仕組みについても検討が望まれる。

(2) 企業の人材育成プログラムの質の評価と保証のDX

前節で述べたような企業内の教育施策の履歴情報を流通させるうえでの重要な

側面として，その質保証および社外の教育プログラムとのレベル互換性の確認などがある。個々の企業が自ら提供する社内プログラムの質評価を企業自身で公平に行うのは容易ではないが，この部分には公的教育機関が持つノウハウが活用できると考えられる。

　将来的には公的教育機関（あるいは公的認証機関）による企業内教育プログラムの質評価・認証サービス支援事業の可能性も想定される。

⑶　STEAM 教育やイノベーション人材・SDGs などとの関係

　自律的な生涯学習のモチベーションの根底には，人生観や就労観などの哲学的側面が深く関係する。この意味では，日本における技術系の人材教育において，主に注力されてきた STEM 教育（サイエンス：Science，テクノロジー：Technology，エンジニアリング：Engineering，数学：Mathematics の頭文字）関連に加えて，人の生きざまに関するリベラルアーツ（Liberal Arts）に由来する “A” の要素を加えた STEAM 教育の重要性が指摘される。

　またこれは，イノベーション人材やデザイン思考・ユーザエクスペリエンス（User Experience：UX）・国連連合の持続可能な開発目標（Sustainable Development Goals：SDGs）など，社会のあるべき姿と人間の根本的な価値観に目を向けて，そこに自らの立ち位置を見つけることが求められる人材像にも根底でつながっていると考えられる。この意味で，初等教育から社会人教育全般にわたる生涯教育の中における同分野の位置付けについても検討することが必要である。

4．本調査を通した提言

　今回の調査研究を通して再認識されたのは，「社会や産業界の環境変化に順応すると共に絶え間ないアップスキリング・リスキリングの必要があるのは，個々の社会人はもちろんのこと，その雇用者である企業という組織，さらには社会人教育の担い手の役割を果たし得る大学組織と，そこでの実務者たる教職員，そしてその舵取り役である経営陣までに及ぶ」ということである。

　現状の日本において，社会人教育の提供者となれるはずの大学・教育機関と，

実践的スキルの需要者かつ実用者である企業および社会人の連携がまったく不十分であるという考えを出発点として，その改善の方向性について，大学と産業界，組織と個人，という二軸で分析および考察した（表5.4）。これらのすべてが正鵠を得ているとは限らないが，教育およびビジネス環境の急変期において全員が納得するような共通解は存在しない，という立ち位置から，異論反論を恐れず敢えてそれらを提示するものである。そのうえで，組織および個人それぞれの考察と具体的取り組みを促すとともに，著者たちもさらなる議論と実践的調査研究，そして自身の学び直しに取り組む姿勢である。

表5.4　日本の社会人教育におけるニーズ・潜在機会マトリクス

大学・教育機関	大学経営陣，教職員，社会人学生
・企業・社会人向け教育プログラムの提供機会 ・その対応を通した事業領域の拡大 ・新たな収益源の獲得	・教育業界の変化に対応する，自らのアップスキリング，リスキリング ・研究資金源の多様化 ・社会人学生や客員研究員の獲得（フルタイム，パートタイムとも）
企業	社会人，個人
・今後の技術革新，業界動向の把握 ・変化に対応できる人材の採用・育成 ・そのための教育研修プログラム ・従業員に強制できないがゆえの，自己研鑽の推奨	・環境変化，就労年数の長期化に対応するためのリスキリング・アップスキリング ・そのスキルを証明する認証 ・社内での担当業務変更，転職を含むキャリアチェンジの選択肢 ・英語力，異文化コミュニケーション力の向上 ・手ごろな負担で簡便に受講できる学習プログラム

(1)　大学：実践的な学習内容と社会人キャリア形成支援のための組織体制

　まず，企業は人材育成の必要性を強く感じ，研修企画会社やコンサルティングファーム，また一部では海外の著名ビジネススクールなどに，研修を委託している。

　その一方で大学に対しては，社会人育成に必要な実践的プログラムを十分に提供できていないというイメージを持たれているというのは前述のとおりである。

あるいは，「社会人学習の機会として大学を活用するという認知が非常に乏しい」，「そもそも大学を活用するという考えがなかった」という意見が，今回の調査を通して頻繁に聞かされた。

　あるいは企業側から，「日本の大学や教員には，企業の現場で求められる実践的スキルとはどのようなものか，是非こちらに見に来て欲しい。足を運んでくれるなら，積極的に情報を提供する。」という声もあった。

　これをポジティブに捉えると，未充足の教育ニーズとして，大学事業を拡大できる未開拓領域と位置付けることも可能である。この機会を活かすには，まずは大学経営の視点に立ち，実践的なプログラムを立案・提供する機能を充足する組織体制の構築，教職員人材の育成あるいは新規採用，そしてそのための資金的投資が必要となる。

　例えば，企業向けの窓口として具体的なニーズを把握するとともに，教員に対しプログラム個別設計をアドバイスできるような専門職員を配置する，あるいは既存の学部学科の教職員を横断的に連動させる新たなセンターを設置する，などである。また，実践的なプログラムの立案には，日本企業のニーズのヒアリングと，海外大学において企業研修を受託している事例研究の両方を組み合わせることが重要である。

　また自己研鑽を目指す社会人や個人に向けては，エクステンションプログラムなど学外向けプログラムの充実に加え，前出のPBLやオンライン海外合同講義のようなプログラムで個別に門戸を開放する，といった機会提供も可能であろう。とりわけオンライン実施の場合には，時間制限の多い社会人にとって，より多くの選択肢から選択できることになる。

　こうした提供内容の多様化と並行して必要なのが，社会人に開放している大学プログラムに対する認知度の向上である。PBLや海外合同オンライン講座のように，従来にはなかった野心的あるいは試験的な学習プログラムも実装され始めているが，知られていなければ導入検討の俎上にも上らない。

　マーケティングの大家フィリップ・コトラー教授の「広告なしで事業を営むのは，暗闇の中で女性にウインクするようなものだ。」という名言どおり，大学な

らではの教育手法を積極的に情報発信することが不可欠で，そのためのマーケティングの強化も重要である。これも，前述の専門職員あるいはセンターの機能として，明確な役割を持たせることになる。

　学習価値の評価と認知度向上の点からは，修了証発行とそのデジタル化，デジタルバッジなどへの取り組みも意義は大きい。まずは受講者にとって「この大学のこのプログラムを修了した」という証は，習得したスキルを対外的に示せる印であるとともに，本人の内なる自信となり，かつそれを実践的に使用しようというモチベーションにもなる。

　また，修了証は転職における有効なツールになることはもちろんのこと，転職しない場合にでもリンクトイン［Linked‐In］などに表記，表示する場合も多いであろう。Linked‐In については，すでに世界中において社会人の自己紹介とネットワーキングのプラットホームとしての位置付けを確立しており，求職中であるか否かに関わらずプロフィールを掲載しておくことが一般化している。

　そしてもうひとつきわめて重要なのが，転職を含むキャリア形成の支援である。現在はどこの大学でも，就職課，キャリアサポートセンターなどが設定されているが，主に学部生の新卒時の就職支援であり，社会人の転職支援までも積極的に提供しているケースは多くはない。これからの時代は，社会人学生にとって，自己投資の成果としてのキャリアチェンジも，選択肢としての優先度が上がるであろうし，その支援は非常に実践的な付加サービスといえる。

　一般的に，学部レベルでも「就職に強い大学」は，すでに十分な関心事になっており，それは社会人学生にとっても大きな付加価値になる。

　こうした組織・機能の設計には，今回言及したような海外諸大学の先行事例のより詳細なケーススタディが，非常に役立つと推察される。一方で，社会人教育への事業の取り組み度合い，求められる機能と規模も異なる。

　前出の UCLA，シンガポール国立大学（NUS）は，各国を代表する有力大学で，十分な人的・財務的資産投下と，長年にわたる実績を有しているが，必ずしも日本の大学にすべからく参考になる訳ではない。それぞれの目指す事業を初期設計したうえで，その参考とする同規模の大学の事例を抽出することが賢明であ

ろう。

　例えば，すでに協定のある海外提携校の中で，エクステンションプログラムに積極的な大学がある場合，その運営手法のノウハウ提供を依頼する，などである。さらに，こうした事例調査の過程を踏み台に，そちらのオンラインプログラムの提供を受ける，あるいは共同で新プログラムを設計する，といった新たな連携を生み出すきっかけとすることも考えられるであろう。

(2)　大学の経営陣・教職員の学び直し，新領域への対応

　社会人教育が，受講者にアップスキリング，リスキリングを提供する観点からすると，大学に関わる人材のすべてが，まずはそれを自らに課すことが求められる。まずは，大学の経営陣が新たな事業領域，あるいは既存のものの抜本的な刷新と位置付け，これまでに培った強みを基盤とした新たな収益機会という意識のもと，上記のような組織構築と人材育成あるいは追加採用，そして必要な投資を行うことになる。

　次に，その遂行に必要な経営スキルとリーダーシップを，必要に応じて学び直すことになる。そのために，自ら海外のエグゼクティブエデュケーションプログラム（EE）に参加するなどの参加型，あるいは海外大学の事例を調査研究するリサーチ型，両方の学習研究方法が考えられる。

　教員としては，まずは企業や従業員が実社会において，どのような知識，スキルなどの学習，あるいはそれらを実際に応用してみることで体得する体験プログラムが求めているかを企業側実務者との突っ込んだ議論や，企業の現場の視察を通して知ること。そして，これに基づいてプログラムを立案することになる。その副産物として企業との連携が深まり，共同研究やその活動の資金的支援，企業側研究者・開発者との交流，招待講演などの機会が生まれていくことも期待できる。

　企業の個別ニーズに対応した短期学習プログラムの提供や講演は，きちんと有料で提供することで，自らの研究活動費の新たな財源を作り出せるうえに，ひいてはその企業との共同研究へとつながる。

　こうした個別プログラムの実現は，教員のみでは到底不可能で，それを支援で

きる職員との連携が不可欠なことから，そうした職員のスキルアップも必要となる。その一例が，前出のMITのインダストリアル・リエゾン・プログラム（ILP）スタッフのように，企業に対するアカウントマネージャーとして，ニーズの詳細である対象者，目的，期待成果，学習方法，期間，予算などを具体的に聞き出したうえで，それを教員と連携し1個作りのプログラムとして立案し，実施後フォローアップとリピーター化までを担うとともに，教員が概して苦手とする事務処理，具体的には，提案書，見積書の作成，請求書発行と入金確認なども担当する。

これには，大学職員＝学内事務員的なイメージとは一線を画した，マーケティングおよび顧客折衝力といったインタラクティブなコミュニケーションスキルの習得が伴うであろう。なおこのMIT ILPスタッフのキャリアをみると，大部分が各分野の修士号や博士号の取得者で，かつMIT修了者も多い。

⑶ 社会人の自己研鑽を通したスキルアップ

勤務先の人材育成方針や実際のトレーニングは，個々の企業によって異なることが前提であるものの，概して社内研修は既存の事業と役割におけるスキルアップを全社員に提供するもので，一人ひとりの事情にマッチしているとは限らない。

またOJTは，直属の上司やその組織の指導力によって，有効性が異なるという実情もある。つまり，自分で仕事ができるうえに部下の育成にも長けている優秀な上司に恵まれれば幸運だが，必ずしもそのような環境が保証されるわけではない。加えて，業界の新潮流や新技術とその将来的な応用可能性など不確定な内容まで網羅されることは，限定的である。すなわち社内教育は，雇用者側にとって必要な内容であっても，雇われている側にとっての要望を満たすものとは限らない。

そこにおける大学プログラムを選ぶメリット，特にエクステンションプログラムのように短期間で受講できるものは，民間機関から提供されている自己啓発プログラムに比べても安価で，かつその修了証は発行大学の知名度に裏打ちされた信頼性が担保されていることである。非学位であってもその大学の講義を受講したという事実として，それを履歴書やLinked-Inに正々堂々と記載できる。さ

らにオンラインなら，海外有名大学のコースの受講も可能である。

　副次的なメリットとして，対面講義に出席する場合には，本来は部外者立ち入り禁止であるキャンパスに大手を振って通い，学生時代に戻ったようなフレッシュな気分を味わうことができる。同様の学習意欲を持つほかの社会人という新たなクラスメートと机を並べることになる。

　オンラインでは，こうしたフィジカルな雰囲気を味わう機会がないが，一方で場所や時間制限なく受講することが可能になる。例えば，自宅から UCLA の講義を受講し，修了証を取得したうえで，修了者（Alumni）を名乗ることができる。オンライン講義は以前からも提供されていたが，パンデミックによる DX の推進により，さらに豊富なラインナップが提供され，修了証も電子発行されることから，選択肢としての序列が上がったといえよう。

　このように，自己学習，再学習に取り組む際の大学の活用は，国内外で飛躍的に選択肢が広がっており，かつ魅力的な価格設定，大学のネームバリューに根差した認知度，心理的満足度など，民間プログラムとは異なるメリットが多くある。学位プログラムに加え，こうした学習方法を検討材料にすることが，ひいては自己のキャリア設計に柔軟性をもたらすことになる。

⑷　企業による大学プログラムの有効活用

　企業の立場からの自社従業員の自己学習による技術向上の取り組みは，非常に厄介な複合要素を内包している。企業側のニーズとしても，従業員個々の能力向上は企業の価値向上に欠くべからざる要因であり，それに対する投資は多くの企業で従来も行われてきている。そうした研修の委託先は，研修企画会社やコンサルティング会社であることが多く，日本の大学を活用することはまだまだ少ない。

　他方，業務扱いでない場合には，各人がプログラムを見つけ出したうえで，就業時間外に自分の時間と費用を負担することになるため，一般的な能力向上の観点から推奨することはできても，業務でないために強制することはできない。

　また，終身雇用的な考えが強い場合には，転職につながる自己研鑽に否定的な意見が出てくることも否定できない。そのうえ，自助努力で取得した学位や資格は，必ずしも人事評価および報酬の対象となるとは限らない。

　このような現状を踏まえつつ，企業が直接大学を活用する，あるいは従業員に有効活用をエンカレッジするような手法は，ポテンシャルなものも含め複数考えられる。まずは PBL へのテーマ出しとそこへの従業員の参加により，学際的な人脈作りと採用への間接的な効果を期待するもので，これにはすでにかなりの事例が生まれている。また技術ベースの特別講演，共同研究の委託で，これにも自社の従業員との共同作業として，従業員の技術レベルの向上につなげることが可能である。

　自己学習の推奨という形態では，国内外の大学が有償・無償で実施しているエクステンションや PBL などのなかから，有益と思われるものを選別し，受講を推奨するという形も考えられる。そのうえで，平日の日中に開講されているものに参加する場合には業務時間でも受講を認める，あるいは費用を一部援助する，といった支援もあり得るであろう。これは，在宅オンラインという就労形態が一般化した状況下では，技術的観点ではきわめて容易である。

　一方で，日本企業による大学への従業員研修の委託について，日本の大学がこうした研修の企画運営を提供しているケースが，そもそも少ない。ごく一部の大手企業が海外の著名ビジネススクールに高額な料金で経営レベルの研修を発注する，あるいは前出の EE に一握りのトップ人材を派遣する，といったケースにとどまる。

　それに対し，前出の UCLA や NUS といった海外有名校を含む海外大学や団体の提供する研修をオンライン型で個別依頼し，現地に渡航することなく，もっとリーズナブルな価格で，より多くの従業員に受講させることも可能となる。特にオンラインや録画形式であれば，音声の英語字幕を自動表示させ，繰り返し何度でも見直すことができるため，英語が不得手な従業員であっても，エントリーハードルが格段に下がる。

　これらを網羅的にまとめたのが表5.5である。

　このような生涯教育スタイルの前提として，企業の側においても，少子高齢化や企業活動のグローバル化を背景として，終身雇用制に根差した日本的な従業員処遇の考え方を見直し，年功／在籍期間には依存しない能力ベースの人事評価制

表5.5 日本における社会人教育エコシステム構築のマトリクス

大学・大学院	大学経営陣，教職員，社会人学生
・社会ニーズに即した柔軟なカリキュラムと実践的コンテンツの提供 ・企業・社会人向け教育プログラムの新たな収益の柱としての事業育成 ・PBL，オンラインなどの新たな手法の積極的な導入 ・マーケティングによる情報発信 ・修了者向けキャリアサポート ・海外大学の先行事例の調査研究	・経営陣：新たなプログラムの事業化に必要な組織体制の構築，教職員の育成あるいは採用，新規投資 ・教職員：企業，社会人へのアプローチを通したニーズ把握，それに伴う研究財源の開拓 ・社会人学生：補助教員，ティーチングアシスタントとしての経験値向上
企業	社会人，個人
・PBLへのテーマ出し，および従業員の参加 ・共同研究の委託，特別講演 ・産学連携，特に研究室・教員との連携 ・従業員のアップスキリング，リスキリングへの大学・教員の積極活用 ・優秀な社会人学生の採用チャネルとしての活用 ・海外を含む，大学への研修の委託 ・人事処遇（評価）制度の見直し	・エクステンションコース，リカレントコースなどの受講 ・オンラインコースの受講 ・海外との共同プログラムなど，英語で他文化に触れる機会の創出 ・その他PBL等への飛び込み参加 ・修了証の取得と有効な活用 ・自らの市場価値の向上 ・資格の公平でグローバルな評価 ・転職，再就職機会の情報収集

度の導入など，産学での人財回遊や経験者・（一時）退職者の積極的活用などが可能な処遇制度への転換が求められる。

　欧米的ないわゆる「ジョブ型雇用制度」が繰り返し検討の俎上に上がっているが，企業が人事処遇制度を変えただけで解決する問題ではなく，それぞれの国の社会構造や時代・世代によって変化する人生観・就労観を見極めつつ，教育システムを含めて，10年単位の時間をかけて，日本型のシステムの確立が求められる。

　エンジニアリング技術と知識の革新，産業界の構造変化，就労キャリアの長期化，オンライン対応によるボーダーレス化，そしてDXの推進など，多様な要素が複合的に絡まり，従来の教育モデルの概念を超越した組み合わせでの教育，あるいは学習の機会と手法が生まれている。そうした状況認識に立ち，産業界・教育界に関わる双方が，まずは常に自らのリスキリング・アップスキリングに取

り組むとともに，それを通じて新たな手法を創出することが，そうしたスキルの実践的活用であり，ひいては変化の激しい環境変化における生存の術となるであろう。

参考文献

［一色 2021］一色潤貴，大学におけるリカレント教育に関する制度整備の変遷等について，IDE 現代の高等教育，No.630，5 月号，2021

［市川 2010］市川伸一，学ぶ意欲の心理学，PHP 研究所，2010

［乾 2021］乾喜一郎，大学・大学院が社会人学習者から選ばれる存在となるために，IDE 現代の高等教育，No.630，5 月号，2021

［織田 2018］織田佐由子，山崎敦子，井上雅裕，技術系人材に求められるグローバル・コンピテンシーの変遷と日米比較，グローバル人材育成教育研究，第 6 巻第 1 号，pp.11-22，September 2018

［金子 2021］金子元久，リカレント教育の新局面，IDE 現代の高等教育，No.630，5 月号，2021

［教育未来創造会議 2021］教育未来創造会議，我が国の未来を担う人材の育成の在り方について（主な論点案），2021，https://www.cas.go.jp/jp/seisaku/kyouikumirai/dai1/siryou5.pdf，参照日：2022-03-09

［経団連 2019］一般社団法人　日本経済団体連合会，採用と大学教育の未来に関する産学協議会中間とりまとめと共同提言，2019 年 4 月 22 日

［小杉 2016］小杉礼子，「社会人の学び直し」の現状について：企業・個人を対象とした実態調査から，2016，https://www.mext.go.jp/b_menu/shingi/chousa/shougai/034/shiryo/_icsFiles/afieldfile/2016/08/09/1374427_1.pdf，参照日：2022-03-09

［産技大 a］東京都立産業技術大学院大学ホームページ HOME，https://aiit.ac.jp，参照日：2022-03-09

［産技大 b］東京都立産業技術大学院大学ホームページ「デジタルを活用した大学・高専教育高度化プランへの取組」，https://aiit.ac.jp/education/dx_project/，参照日：2022-03-09

［鈴木 2021］鈴木久敏，大学院におけるリカレント教育，IDE 現代の高等教育，No.630，5 月号，2021

［スマートエスイー］スマートエスイー：スマートシステム＆サービス技術の産学連携イノベーティブ人材育成，文部科学省平成 29 年度「成長分野を支える情報技術人材の育成拠点の形成（enPiT）」，https://smartse.jp/about/#sec01，参照日：2022-03-09

［先端教育 2022a］先端教育機構出版部編集部，リカレント教育を推進する制度・支援策，月刊先端教育，3 月号，2022

［先端教育 2022b］先端教育機構出版部編集部，自分のペース・興味関心に沿った学びを求める若者が注目，月刊先端教育，3 月号，2022

［先端教育 2022c］先端教育機構出版部編集部，リスキルを進める先進企業事例，月刊先端教育，3 月号，2022

［寺田 2021］寺田真敏，国際化サイバーセキュリティ学特別コース CySec，IDE 現代の高等教育，No.630，5 月号，2021

［東京電機大学］東京電機大学ホームページ「国際化サイバーセキュリティ学特別コース」，https://cysec.dendai.ac.jp/，参照日：2022-03-09

［東京理科大］東京理科大ホームページ「履修証明プログラム」，https://www.tus.ac.jp/academics/education/cooperation/credit/，参照日：2022-03-09

［内閣府 2019］経済財政運営と改革の基本方針 2019 https://www5.cao.go.jp/keizai-shimon/

kaigi/cabinet/2019/decision0621.html，参照日：2022-03-09

［内閣府 2021］「選択する未来 2.0」報告 参考資料，2021，https://www5.cao.go.jp/keizai2/keizai-syakai/future2/saishu-sankou.pdf，参照日：2022-03-09

［日本女子大学］日本女子大学ホームページ「リカレント教育課程」，https://www5.jwu.ac.jp/gp/recurrent/gaiyou.html，参照日：2022-03-09

［文科省 2018］リカレント教育の拡充に向けて，2018，https://www.mext.go.jp/b_menu/shingi/chukyo/chukyo4/043/siryo/__icsFiles/afieldfile/2018/08/03/1407795_2.pdf，参照日：2022-03-09

［文科省 2019］2040 年を見据えた大学院教育のあるべき姿〜社会を先導する人材の育成に向けた体質改善の方策〜（審議まとめ），中央教育審議会大学分科会，2019，https://www.mext.go.jp/b_menu/shingi/chukyo/chukyo4/houkoku/1412988.htm，参照日：2022-03-09

［文科省 2020］大学院設置基準の一部を改正する省令の施行について（通知）令和 2 年（2020）6 月 30 日，https://www.mext.go.jp/b_menu/hakusho/nc/1420657_00002.htm，参照日：2022-03-09

［文科省事業 a］文部科学省事業「デジタルを活用した大学・高専教育高度化プラン」，https://www.mext.go.jp/a_menu/koutou/sankangaku/1413155_00003.htm，参照日：2022-03-09

［文科省事業 b］文部科学省事業「職業実践力育成プログラム（BP）認定制度について」，https://www.mext.go.jp/a_menu/koutou/bp/index.htm，参照日：2022-03-09

［文科省事業 c］文部科学省事業「成長分野を支える情報技術人材の育成拠点の形成（enPiT）」，https://www.mext.go.jp/a_menu/koutou/kaikaku/enpit/index.htm，参照日：2022-03-09

［矢野経済研究所 2022］矢野経済研究所プレスリリース，リカレント教育市場に関する調査を実施（2021 年），No.2919，2022，https://www.yano.co.jp/press-release/show/press_id/2919，参照日：2022-03-09

［2U］2U，https://2u.com/，参照日：2022-03-11

［AACSB］Association to Advance Collegiate Schools of Business，https://www.aacsb.edu/，参照日：2022-03-25

［Collegium］https://kotobank.jp/word/ コレギウム -66910，参照日：2022-03-11

［Coursera］Coursera，https://ja.coursera.org/，参照日：2022-03-11

［edX］edX，https://www.edx.org/，参照日：2022-03-11

［Harvard MM］Harvard Manage Mentor，https://hbr.org/harvardmanagementor，参照日：2022-03-11

［ILP］MIT Industrial Liaison Program，https://ilp.mit.edu/，参照日：2022-03-11

［Linked-In］https://www.linkedin.com/，参照日：2022-03-11

［MIT］Massachusetts Institute of Technology，https://www.mit.edu/，参照日：2022-03-11

［MIT AA］MIT Alumni Association，https://alum.mit.edu/，参照日：2022-03-11

［MQA 2014］Education Programme Standards，Malaysian Qualifications Agency，2014

［NUS SCALE CET］https://scale.nus.edu.sg/programmes/executive-courses，参照日：2022-03-11

［SDM］http://www.sdm.keio.ac.jp/，参照日：2022-03-19

［Stanford NUS］Stanford-NUS Executive Program in International Management，https://executive-education.nus.edu.sg/programmes/stanford-nus- executive-programme-in-

international-management/，参照日：2022-03-11

［UCLA 2022］https://www.uclaextension.edu/，参照日：2022-03-11

第6章

これからの大学教育と実現の課題

6.1 これからの大学教育

　大学教育には，SDGs などの社会課題の解決，社会の変革（イノベーション）や Society 5.0 の創造をリードする人材を育成することが期待されている。日本の大学が教育の質の向上，学修成果の向上，新しい学習体験の提供により新たな教育価値を生み出し，世界の大学の中で優位性を確保することが重要である。

　さらには，日本の大学が，社会のニーズの変化を捉え，教育を提供するモデルとプロセスを変革することが求められている。大学間・国際・産学連携によって付加価値が高く，多様な人々がいつでもどこでも生涯にわたり学習できる教育を実現することが必要であり，リカレント教育や大学院教育の機会と生涯にわたる教育の需要の拡大を促すことが期待される。

　SDGs の目標 4 である，「すべての人々に包摂的かつ公正な質の高い教育を提供し，生涯学習の機会を促進する」"Ensure inclusive and equitable quality education and promote lifelong learning opportunities for all" を実現するためにも，教育の DX の進展が重要である。

　5 章までの内容を踏まえて，まず，本節ではこれからの大学教育のモデルとシナリオを提示する。次の節ではそれを実現するための課題に関して検討する。

　図 6.1 にこれからの大学教育のモデルを示す。以下では，大学教育の将来のモデルが実現された状態を描写していく。

⑴　**教育の DX の明確なビジョン構築している**
　大学が学修成果の向上，新しい学習体験の提供，包摂的教育を実現し，さらに

大学間連携・国際連携・産学連携
●オンラインも活用した新たな連携モデル●国際連携，アジア太平洋●産学連携●MOOCs活用●オンライン国際協働学習（COIL）

教授法・教育研究
●ブレンド（ハイブリッド）型教育のビジョンと教育の質保証の仕組み●データ駆動型教育，ラーニング・アナリティクス

学修成果，学習機会
●学修成果の向上●学習機会の保証●包摂的教育●主体的学び●生涯に渡る継続的学び

教育制度
●柔軟な学位制度●マイクロクレデンシャルと相互認証の枠組み●遠隔授業の単位上限緩和

テクノロジーと環境
●次世代電子学習環境（NGDLE）●電子出版●VR(仮想現実)，AR(拡張現実)，メタバース，AI●学修歴証明書のデジタル化●包括的学習者記録●バッジ

図6.1　これからの大学教育のモデル

教育を提供するモデル，プロセス，組織を社会ニーズに沿って変革する手段として教育の DX を位置付けている。そのビジョンと目標を機関として明確に設定し，メンバーが共有している。

(2)　デジタル技術の活用により学修成果の向上と包摂的な教育が実現されている

　デジタル技術の教育への適用が進み，学修成果の向上，新しい教育価値の提供，新しい学習体験の提供が行われ，障害を伴った学習者を含む多様性に対応した包摂的な教育を実現している。

(3)　複数の大学にまたがり，生涯にわたる継続的な学びが実現されている

　大学は新たな教育のモデルやプロセスを構築し，生涯にわたる継続的な学びの機会を広範囲に提供している。複数の大学にまたがってオンラインや対面を複合した多様な学びが可能になっており，大学卒業後も国内外の複数の大学で，国内外の場所を問わず継続的に学び続ける仕組みができている。さらには，国内外を問わず複数の大学で取得したマイクロクレデンシャルや単位をまとめることで学位を取得できる。

⑷ **ブレンド型教育のビジョンが設定され教育の質保証の仕組みがある**

大学は，対面の教育とオンライン教育の長所を組み合わせたブレンド型教育を機関として組織的に導入している。さらに，社会人や留学生を含めた遠隔の学習者に対して教育の機会を保証するために対面授業とオンライン授業を同時に実施するハイブリッド教室（Hybrid Classroom：ハイフレックスとも呼ぶ）を設けている。大学としてブレンド型教育のビジョン，目標を明確に設定し，教育の質保証の仕組みを構築している。ブレンド型教育のベストプラクティスを機関内外で共有し，継続的かつ体系的な研修機会を教員と職員に対して用意し，専門スタッフを尊重し，体系的な財務支援，設備環境の整備を行っている。そしてその継続的な改善を進めている。

⑸ **教育・学習データに基づくデータ駆動型教育が実現されている**

学習データが学習管理システム（LMS）に蓄積され，それを分析し活用するラーニング・アナリティクス（Learning Analytics）が大学組織として実施され，学生の学修成果を向上させている。また，大学 IR（Institutional Research）として大学内の情報を収集，可視化し，評価指標として管理し，その分析結果を教育・研究，学生支援，大学経営の意思決定に活用している。

大学としてデータに基づく教育改善を行うための教員，職員が配置され，現場の教員と連携した活動を実施している。教育学習データに基づく駆動型教育の実現にあたっては，教育機関間でのデータ連携や人工知能（AI）の教育への活用が進んでいる。

⑹ **仮想現実，拡張現実，メタバースなどにより学習の場が拡張されている**

仮想現実（VR），拡張現実（AR），メタバースなどが，多様な実験，遠隔での実験，海外の大学との連携実験や実習などに活用され，通常はコストや安全面で実施できない実験を体験することができ，教室に来ることができない社会人や遠隔の学習者にも学習の場が提供される。これにより，学修成果を高めるとともに，大学間連携・国際連携・産学連携にも活用されている。

⑺　電子書籍やデジタル教科書により多様な学びが実現されている

　電子書籍や教科書が視覚障害や発達障害を持った学生を含めた多様な学生の学びに活かされている。動画や音声やネットワーク情報などが利用され，学習空間が広がっている。多言語化された電子書籍や教科書は，国際連携教育の促進に役立っている。また学生がプロジェクトや研究成果を電子書籍として制作する主体的な学習が進んでいる。

⑻　国際連携でのブレンド型教育の活用が行われている

　対面とオンラインの良い面を融合した国際ブレンド型教育が広く実施されている。対面での国際 PBL とオンライン国際協働学習（COIL），オンデマンド授業などを組み合わせ，対面での深い交流，オンラインでの継続的活動などが進んでいる。

⑼　大学間で学習情報が共有され他大学の科目履修が柔軟に行われている

　学習者が国内外の複数の大学で授業を履修し，単位を取得することが容易になっている。学習データや履歴は各大学の情報システム間で相互に安全に転送されており，学習者は複数の大学にまたがっての授業履修を容易に行うことができている。

⑽　大規模公開オンライン講座と企業の講座が連携している

　世界の MOOCs や大学以外の研修企業やベンダーなど多様なコンテンツが共有され，ポータルサイトにそれらを比較評価できる仕組みが構築されている。大学や企業はそれらの講座を活用し効果的な教育や研修を合理的な費用で実施することできる。またコンテンツの作成と提供に対してのインセンティブが明確になっており，ビジネスモデルが明確に構築できている。資金が還流することで各組織や教員などから優良なコンテンツが継続的に提供されている。

⑾　マイクロクレデンシャルがリカレント教育やリスキリングに活用されている

　大学や民間教育機関，ITベンダーなどから多様な教育機会がマイクロクレデンシャルとして提供されている。マイクロクレデンシャルの国内および国際的な質保証と相互認証の仕組みが構築されている。これにより，生涯にわたって学び続け専門的および汎用的能力を高めることができる。またマイクロクレデンシャルを取得することが企業，産業界から尊重されており，国や企業からの継続教育への経済的な補助制度が充実している。

(12)　オンラインを用いた国際連携・産学連携が進んでいる

　国際的な大学間連携による教育や産学連携の教育がオンラインにより拡大している。

　各国の大学が提供するマイクロクレデンシャルを国際的に共有した共同授業が盛んに実施されており，大学が発行した複数のマイクロクレデンシャルを積み重ねることで修士の学位が取得できる仕組みが構築されている。多国籍企業や先進的企業は教育研修プログラムとしてもマイクロクレデンシャルを発行しており，これを用いた教育研修での産学連携が国際的に進んでいる。

(13)　学修歴証明書のデジタル化が進展している

　卒業証明書，成績証明書，マイクロクレデンシャルなどがデジタル化されており，学習者が必要とする際にデジタル証明書の発行，提出，検証がいつでもどこからでも行うことができる。学修歴の証明書の発行に人手もかからず時間やコストが低減できている。国内外での入学，留学，就職，転職などの要求に容易に対応できている。

(14)　包括的な学習者記録が普及している

　大学での学位の取得，卒業後の継続教育，短期的な学びや能力向上の取り組みなどをまとめた包括的な学習者記録が普及している。初等中等教育機関のポートフォリオ，高等教育機関のポートフォリオが包括的な学習者記録に反映されている。その包括的学習者記録のデータは，クラウド上で安全に管理され，学習者自

身が保有し，継続的な能力向上，就職，転職，昇給などに活用できている。

⒂　グローバル経営人材を育成する国際連携のエコシステムが構築されている

　アジア太平洋地区の大学が連携し，グローバル経営人材を育成する国際的教育プログラムが構築されている。域内の複数の大学と企業が連携して，経営人材を育成するプログラムがオンラインと対面を融合する教育形式で実現されている。ここでは21世紀をリードするアジアのグローバル経営人材の育成が産学連携で進んでいる。このプログラムは発展を続け，2040年には欧米のエグゼクティブエデュケーションと並び立つ位置付けになった。

6.2　実現するための課題

　本節では，前節で述べたこれからの大学教育のモデルとシナリオを受けて，それを実現するための課題と対応に関して検討する。

⑴　新たな教育モデルのエコシステムの構築

　国内外の複数の大学にまたがり，生涯にわたり継続的に学び続けることを実現するエコシステムを実現する必要がある。大学などの機関が国際的に連携する教育のプロセスやモデルとして，教育の新たなビジネスモデル構築が必要になる。マイクロクレデンシャルを用いたリカレント教育，生涯にわたる教育などの新しい教育需要や教育機会を創造できる教育機関への変革が必要になる。これまでの18歳入学の学部教育とは，授業料等の収入とコストのモデルが異なるモデルを取り入れる必要がある。

⑵　大学組織と運営の改革

　デジタル化やオンラインの活用により，教室の必要数，容量の変化，物理的なキャンパスのあり方の見直しが必要になる。学生のモビリティの増加，人物金情

報の流れの変化への対応が必要である。

(3)　ブレンド型教育に対応できる新たな質保証の仕組み

　オンライン教育やブレンド型教育に対応できる新たな教育の質保証の仕組みの構築が必要になる。オンライン教育と対面教育をどのように組み合わせて学修成果を向上させるか，また各種データに基づきどのように学修成果のアセスメントを行うか，継続的・組織的な研究が必要である。情報技術の活用や大学間連携での質保証，データ駆動型教育やラーニング・アナリスティクスへの AI 活用が重要である。

(4)　大学間連携・国際連携・産学連携

　デジタル，オンラインを活用した新たな大学間連携の仕組みの構築と継続的な改善が重要である。国際連携，産学連携での質保証の枠組みの構築も重要である。とりわけ時差が少なくオンラインでの連携がしやすいアジア太平洋での大学間連携とエコシステム構築が望まれる。

(5)　マイクロクレデンシャルの国際連携での質保証の仕組み構築

　マイクロクレデンシャルの質保証の枠組みの構築が重要である。国際連携を含む大学間の相互認証の仕組みを構築するとともに，企業の発行するマイクロクレデンシャルを認定し，大学の教育の一部に組み込む仕組みの構築も重要である。リカレント教育，生涯教育の促進のため，複数のマイクロクレデンシャルを積み上げて学位を発行する仕組みを国内外の連携で構築することが必要である。

(6)　情報システムの国際標準化と相互運用性の実現

　大学の情報システムを 1EdTech Consortium などの技術標準化と連携して構築し，オープンなシステム構築を進めることで，学習管理システムと教務システムや多様なラーニング・アナリスティクスツールなどとの相互運用性が実現される。さらには，大学間の学習管理の連携や大学をまたがった履修が容易になる。

大学間および企業間で学習データを連携できる技術，制度の構築が望まれれる。

⑺　データの利活用に関するガイドライン

　教育データの取り扱い（法制度）の整備や，教育・学習データ利活用のポリシーと実際に運用する教育への教育機会の充実が必要になる。

⑻　デジタル技術を活用した教育研究の推進と教育現場での導入評価

　データ駆動型教育や AI の教育での活用などが期待される。また，仮想現実，拡張現実，メタバースの実験や実習への導入やモバイルラボ，リモートラボの技術開発と大学間での連携した設備利用の推進が期待される。

　理工系の実験などでは，実世界（フィジカル空間）にある多様なデータをセンサーネットワークなどで収集し，サイバー空間でデータ処理，分析，モデル化を行い実空間とサイバー空間を連携させる，サイバーフィジカル連携の研究やデジタルツインの教育での活用が期待される。

　文科省のデジタルを活用した大学・高専教育高度化プラン「Plus‐DX」の成果を含め，各大学および大学連携での取り組みが進むことが期待される。

⑼　MOOCs の相互連携，比較を実現できるポータルサイトのアジア太平洋地区での構築

　世界には多くの MOOCs が存在し，それらが提供する講座も増加の一途をたどっている。学習者が，それぞれの目的に合った質の良い，合理的な価格の講座を選択できることが望ましい。そのためには複数の MOOCs や国をまたがり講座を評価，選択できるポータルサイトが必要である。

　現在，ポータルサイトとして Class Central が存在し，日本の MOOCs のポータルサイトとして，JMOOC が存在する。今後の国際連携での教育，生涯教育に寄与できる国際的なポータルサイトや日本の MOOCs と東南アジアの MOOCs を連携して活用できる仕組み構築が期待される。

⑽　自前主義ではなく，大学間連携・産学連携・国際連携を進めるマインド醸成

　1つの大学の閉じた教育プログラム，1つの企業内に閉じた従業員研修プログラムから，教育プログラムや研修プログラムを共有，協働開発・運用することでより良いプログラムを広く活用できる。すべてのことを自前で行うことよりも，むしろ，大学間連携・産学連携・国際連携がより良いと考えるマインドの醸成をしたい。

⑾　大学のデジタル変革を推進する人材育成

　大学デジタル変革を推進できる大学教員と職員，国際連携人材の育成が必要である。DX を推進できる人材とこれをマネジメントできる幹部人材の育成が急務である。

⑿　教育に関する法制度を社会ニーズに合わせて改正

　新たな教育の取り組みが可能とするには，法制度の見直しや柔軟な運用が必要である。遠隔授業の単位上限（卒業に必要な 124 単位のうち 60 単位まで）の緩和や撤廃は前提条件になる。多様なマイクロクレデンシャルを組み合わせて修士号を取得できる，テーラリングできる（学習者に合わせて組み合わせを変更できる）学位制度の構築なども期待される。例えば，マネジメントとコンピュータサイエンスを組み合わせた修士学位など，多様な組み合わせで学位を発行できる仕組みは大きなニーズがある。

⒀　企業の取り組み

　生涯教育，従業員の継続的な学びを促進するための企業の取り組みが重要である。マイクロクレデンシャルやオープンバッジを獲得した学習者に対し，社会，企業が評価し処遇することが必要である。

⒁　学生の視点，デジタル世代，留学生，障害者などの多様な視点での改革

　教育の DX には，学習者，学生の視点，デジタル世代，留学生，障害者など

多様な視点での改革推進が必要である。また，改革の担い手として多様な人材を活用すること，社会環境の変化を想像力を持って想定することが必要である。

　デジタル世代は，心理的な面を含めて，学習姿勢が変わっている。オンラインを好んでいる学生も多い。会社でもデジタルツールが一般的となっている。一方で，人と人との結びつきが重要であるとの理解がコロナ禍で一層深まっている。多様な人材に教育のDXの担い手になってもらうことが必要である。

⒂　学協会が果たすべき役割

　学協会は，大学や企業が教育の改革を進める際の支援と連携の推進を主体的に行う必要がある。下記の取り組みがその項目として想定できる。

・新しい教育モデル，DXのモデルを提示する。
・新しい教育のモデル，最新の情報を調査研究し発信する（研究会や報告書，出版）。
・技術標準仕様や体系を構築し，発信する。
・大学間・国際連携・産学連携の媒介になる。
・DXに対応できる教職員の育成の支援を行う，教育プログラムの構築と運営を行う。
・教育のDXを推進するための知識と経験を共有する機会として国内外の会議，シンポジウム，ワークショップを企画する。
・新たな教育手法，技術の研究を促進させる（研究会，委員会の開催，運営）。

索　引　(英)

索　引　(和)

あ　と　が　き

　本調査研究は，一般財団法人新技術振興渡辺記念会の科学技術調査研究助成を受けて，公益社団法人日本工学教育協会「工学教育のデジタライゼーションとデジタルトランスフォーメーションの調査研究委員会」が実施した。以下に委員と事務局員の氏名と所属を記載する（2022年4月1日時点の所属で記載している）。

【委員長】井上雅裕（慶應義塾大学）

【副委員長】角田和巳（芝浦工業大学），長原礼宗（東京電機大学），八重樫理人（香川大学）

【幹事】石崎浩之（芝浦工業大学），辻野克彦（三菱電機株式会社），丸山智子（愛媛大学）

【委員】足立朋子（テルモ株式会社），市坪誠（豊橋技術科学大学），イネステーラ笠章子（大塚ホールディングス株式会社），内海康雄（舞鶴工業高等専門学校），大江信宏（サイバー大学），岸本喜直（東京都市大学），渋谷雄（京都工芸繊維大学），鈴木洋（芝浦工業大学），二上武生（工学院大学），札野順（早稲田大学），間野一則（芝浦工業大学），山崎敦子（デジタルハリウッド大学），湯川高志（長岡技術科学大学），除村健俊（サイバー大学），

【事務局】本間弘一，川上理英，鈴木賢太（公益社団法人日本工学教育協会）

　本書をまとめるにあたり，以下に記載する皆様には，公益社団法人日本工学教育協会の委員会や同協会主催の国際シンポジウムでご講演をいただき，また個別にお話を伺うなど，貴重な情報やご意見を頂いた。ここに深く御礼申し上げる。（順不同）

京都大学学術情報メディアセンター教授　緒方広明先生

早稲田大学理工学術院教授，大学ICT推進協議会（AXIES）会長，日本オープ

ンオンライン教育推進協議会（JMOOC）副理事長　深澤良彰先生
関西国際大学副学長，国際コミュニケーション学部教授　芦沢真五先生
公益財団法人未来工学研究所主席研究員　中崎孝一様
追手門学院大学国際教養学部教授，大学図書館長　湯浅俊彦先生
デジタルハリウッド大学大学院特任准教授　末田航先生
関西学院大学副学長兼情報化推進機構長　巳波弘佳先生
放送大学教養学部教授，学長補佐，日本 IMS 協会理事　運営委員長　山田恒夫
　　先生
東北大学国際戦略室副室長・教授，総長特別補佐（国際戦略担当）米澤彰純先生
一般財団法人オープンバッジ・ネットワーク常務理事　吉田俊明様
マレーシア工科大学（Universiti Teknologi Malaysia）教授，マレーシア工学教
　　育学会（Society of Engineering Education Malaysia）会長，Khairiyah Mohd.
　　Yusof 先生
ウェスタンデジタル・タイランド副社長　Sampan Silapanad 様
一般社団法人 PMI 日本支部会長，株式会社 NTT データ技術革新統括本部企画部
　　テクノロジーストラテジスト　端山毅様
スラバヤ工科大学（Institut Teknologi Sepuluh Nopember）准教授，グローバ
　　ル・エンゲージメントディレクター　Maria Anityasari 先生
株式会社日立アカデミー 取締役 事業戦略本部長 兼 CIO 鳥居和功様

　本書の出版にあたっては，東京電機大学出版局の田丸健一郎様，吉田拓歩様には委員会の発足時から執筆に伴走いただき，適切な助言をいただいた。御礼申し上げる。

　本調査研究の一環として，「高等教育とリカレント教育のデジタル変革に関する国際シンポジウム」"The International Symposium on Digital Transformation of Higher and Recurrent Education through Industry-Academia Collaboration" を 2022 年 1 月 20 日および 3 月 3 日に開催した。

　シンポジウムの目的は，第1に，コロナ禍後の高等教育とリカレント教育のデジタル変革のビジョンの共有，第2に，国際連携・産学連携による高等教育・リカレント教育の推進（オンラインと対面を組み合わせるブレンド型の連携），第3にイノベーションとデジタルトランスフォーメーションを推進できる人材を育成するためのエコシステムをアジア・パシフィックの大学，企業，プロフェッショナル団体の連携による構築である。シンポジウムにおける基調講演，パネルディスカッション，分科会でのディスカッションは，公益社団法人日本工学教育協会のサイト［JSEE 2022］，およびシンポジウムの報告書［井上 2022］［Ishizaki 2022］としてまとめている。

参考文献

［JSEE 2022］日本工学教育協会，工学教育のデジタライゼーションとデジタルトランスフォーメーションの調査研究委員会，https://www.jsee.or.jp/researchact/researchcomt/digital，参照日：2022-05-27
［井上 2022］井上雅裕，石崎浩之，間野一則，湯川高志，辻野克彦，イネステーラ笠章子，足立朋子，長原礼宗，山崎敦子，高等教育とリカレント教育のデジタル変革に関する国際シンポジウム報告，工学教育（J. of JSEE），70-5，2022
［Ishizaki 2022］Hiroyuki ISHIZAKI, Masahiro INOUE, Kazunori MANO, Takashi YUKAWA, Katsuhiko TSUJIN, Akiko Ryu INNES-TAYLOR, Tomoko ADACHI, Yukitoshi NAGAHARA, Atsuko K. YAMAZAKI, Khairiyah Bte Mohd. Yusof, Maria Anityasari, Report on the International Symposium on Digital Transformation of Higher and Recurrent Educa-tion through Industry-Academia Collaboration（DXHE2022），J. of JSEE, 70-5, 2022

執筆者紹介

[編著者]
井上雅裕（いのうえ　まさひろ）【はじめに，第1章，第2章5節，第4章1，2節，第6章，あとがき】

　慶應義塾大学大学院システムデザイン・マネジメント研究科　特任教授，芝浦工業大学名誉教授，公益社団法人日本工学教育協会理事。

　早稲田大学大学院理工学研究科　物理学及応用物理学専攻　博士前期課程修了，博士（工学），技術士（情報工学部門），シニア教育士（工学・技術）。

　三菱電機株式会社，芝浦工業大学教授，同副学長を経て，2021年4月より現職。著書：『M2M/IoTシステム入門』森北出版，『組込みシステム』共立出版，『システム工学　―定量的な意思決定法―』オーム社，『システム工学　―問題の発見・解決の方法―』オーム社，『学生を成長させる海外留学プログラムの設計』東信堂，『プロジェクトマネジメント・ツールボックス』鹿島出版会。受賞：工学教育賞（論文・論説部門，3回），工学教育賞（著作部門），工学教育賞（業績部門，2回）ほか。

[著　者]
八重樫理人（やえがし　りひと）【第2章1，2節】

　香川大学創造工学部創造工学科情報システム・セキュリティコース教授，香川大学情報メディアセンターセンター長，CDO(デジタル化統括責任者)，学長特別補佐。芝浦工業大学大学院工学研究科機能制御システム専攻博士（後期）課程修了，博士（工学）。豊田工業大学，芝浦工業大学，香川大学総合情報センター，香川大学工学部を経て現職。

　ソフトウェア工学，教育支援システム，観光支援システムに関する研究に従事。

山崎敦子（やまざき　あつこ）【第2章2節】

　デジタルハリウッド大学大学院特命教授。IEEE Professional Communication Society Japan Chapter Chair, IEEE Transactions on Education Associate Editor, 日本リーダーシップ学会理事，大学英語教育学会研究促進委員会委員。和歌山大学システム工学研究科博士課程修了，博士（工学）。Naval Postgraduate School Adjunct Instructor, ものつくり大学准教授，芝浦工業大学教授を経て現職。

　VR, ICT技術，脳機能測定などを用いたコミュニケーション研究，グローバル人材育成研究と実践を主な研究テーマとしている。

長原礼宗（ながはら　ゆきとし）【第2章3，7，8節，第4章4節】

　東京電機大学理工学部理工学科生命科学系教授，学長室長。東京理科大学理工学研究科応用生物科学専攻博士課程修了，博士（理学）。

　生化学，細胞生物学に関する研究とともに，教育の質保証，教育手法について調査研究を行っている。

内海康雄（うつみ　やすお）【第2章4節】
　舞鶴工業高等専門学校校長，ISO/TC163/SC1 国内対応委員会委員長，（一社）JASFA 会長，NPO AMATERAS 会長。東北大学工学研究科博士後期課程修了，工学博士。
　都市・建築の環境についての理論・実験・シミュレーション，地域振興，スマートコミュニティ，技術者人材育成などに取り組んでいる。

札野順（ふだの　じゅん）【第2章6節】
　早稲田大学大学総合研究センター教授，金沢工業大学名誉教授，放送大学客員教授。米国オクラホマ大学大学院科学史研究科博士課程修了，Ph.D.金沢工業大学教授，同学科学技術応用倫理研究所所長，東京工業大学リベラルアーツ研究教育院教授，同学リーダーシップ教育院教授を経て現職。

大江信宏（おおえ　のぶひろ）【第2章9節，第3章3節】
　サイバー大学 IT 総合学部教授。NPO 法人 M2M・IoT 研究会理事。博士（工学）（東京電機大学），技術士（情報工学）。神戸大学工学部計測工学科卒。三菱電機株式会社および関連会社，東海大学情報通信学部教授を経て現職。
　IoT，AI の教育に関する研究および教育に取り組む。

丸山智子（まるやま　ともこ）【第3章1，4節】
　愛媛大学教育・学生支援機構准教授，学生支援センター副センター長。米国コロンビア大学大学院 国際教育開発学専攻修了(修士)，博士(学術)。
　経験学習によるリーダーシップ開発の研究を行うとともに，プロジェクトマネジメント教育およびキャリア教育に取り組む。

湯川高志（ゆかわ　たかし）【第3章1節】
　長岡技術科学大学情報・経営システム系教授，総合情報センター長。長岡技術科学大学大学院工学研究科修士課程修了。博士（情報学）（京都大学）1987-2002 年日本電信電話株式会社，2002 年長岡技術科学大学助教授を経て 2012 年より現職。
　AI 技術に関する研究および ICT・AI 技術の教育への応用に関する研究に従事。

角田和巳（つのだ　かずみ）【第3章2節】
　芝浦工業大学工学部機械工学科教授，教育イノベーション推進センターIR 部門長，公益社団法人私立大学情報教育協会理事。東京工業大学大学院総合理工学研究科エネルギー科学専攻博士課程修了，博士（工学）。芝浦工業大学工学部機械工学科講師，同学科助教授を経て現職。
　専門は流体力学，エネルギー変換工学。

間野一則（まの　かずのり）【第3章3節】
　芝浦工業大学システム理工学部電子情報システム学科教授。早稲田大学大学院理工学研究科

電気工学専攻博士後期課程修了。工学博士（早稲田大学）。NTT 研究所勤務を経て現職。

音声メディア処理研究とともに PBL 教育に取り組む。

除村健俊（よけむら　たけとし）【第 4 章 3 節】

サイバー大学 IT 総合学部教授，芝浦工業大学 SIT 総合研究所客員教授，PMI 日本支部理事，米国ブラウン大学大学院コンピューターサイエンス専攻（修士），芝浦工業大学機能制御システム専攻博士課程修了，博士（学術）。日本 IBM（株）で Executive Project Manager として ThinkPad 開発の国際的プロジェクトのリーダー，（株）リコーで理事としてグローバル人事の責任者，環境事業開発センターの立ち上げや新規事業開発などを担当。芝浦工業大学システム理工学部で教鞭を取った後，現在に至る。

研究分野はプロジェクトマネジメント，教育工学，アクティブラーニングへのプロジェクトマネジメントの応用，MOT，自律型人材育成など。

市坪誠（いちつほ　まこと）【第 4 章 4 節】

豊橋技術科学大学学長特別補佐（将来ビジョン担当）・教授，高専連携地方創生機構 副機構長・SDGs 推進本部 副本部長。広島大学工学研究科構造工学専攻博士課程前期修了，博士（工学）。

高専，大学などの教学マネジメント，技術者コアカリキュラム，SDGs 教育の推進に取り組む。技科大のユネスコチェア，世界ハブ大学（国連アカデミックインパクト）など SDGs 戦略の企画立案，実践に携わる。

辻野克彦（つじの　かつひこ）【第 5 章 1, 3, 7 節】

大阪大学大学院 工学研究科電子工学専攻博士後期課程修了，博士（工学）。知識工学・機械学習・自然言語処理などの研究に従事。

三菱電機株式会社 中央研究所に入社。人工知能の産業応用（機器の異常診断，介護事業者の業務支援，機器制御の高度化・自動化，機器保守ノウハウの蓄積・共有など）に従事。その後，先端技術総合研究所で研究企画・産学連携・海外連携などを担当。米国ボストンにある同社研究所に業務 / 技術リエゾンとして 3 年間出向。先端技術総合研究所に戻り，研究企画，広報・社外技術発表などの支援業務に従事。フランス レンヌにある同社研究所に業務リエゾンとして 4 年間出向。2020 年に人事部人材開発センターに帰任，現在に至る。

二上武生（にかみ　たけお）【第 5 章 2, 6 節】

工学院大学教育推進機構国際キャリア科教授，キャリアデザインセンター所長・教育開発センター主幹。早稲田大学大学院理工学研究科電気工学（電通）専攻修士課程修了，桜美林大学大学院大学アドミニストレーション研究科（通信課程）修了，工学修士，修士（大学アドミニストレーション）。株式会社リクルートにてシステム開発，運用，企画，新サービス立ち上げ，事業再構築など幅広い業務に従事し，その後工学院大学特任教授を経て現職。

キャリア教育に携わるとともに主に教育手法，リーダーシップ教育，コミュニケーション教育に関する調査研究を行っている。

石崎浩之（いしざき　ひろゆき）【第5章3，4，5，7節】
　芝浦工業大学客員教授。一橋大学法学部国際課程卒，米国南カリフォルニア大学経営学修士（MBA）。マレーシアオフィスディレクターとしてクアラルンプールに在住し，アジアの現場を基盤とした英語での教育プログラムを実践している。そして世界全体の急速なオンライン化に連動し，日本の学生がバーチャルラーニングを通して国際経験を積める多様な学習機会を提供している。また自身で起業したブレインストームHR（株）を通して，国内外の企業に海外展開アドバイス，グローバル人材育成研修を提供するとともに，その内容を大学教育にフィードバックしている。現在は，欧米の大学との連携推進にも取り組むとともに，海外の生涯学習とそれに根差したキャリア形成も研究中。

イネステーラ笠章子（いねすてーらー　りゅう　あきこ）【第5章3，5節】
　徳島大学医学部栄養学科卒，芝浦工業大学大学院理工学研究科博士課程後期在学中。大塚製薬（株）佐賀研究所研究員（ファイブミニの開発等），製品部プロダクトマネージャー，WHO世界の長寿研究班に参画（中国新疆ウイグル自治区），欧米系外資系企業4社（事業本部長，代表取締役社長等），大塚製薬（株）（常務執行役員マーケティング本部長，広報部長），大塚ホールディングス（株）常務執行役員人材企画部長，北鎌倉女学園理事。
　主な著書：『ただいま育児休業中』主婦の友社，『おいしくて元気になるお取り寄せ』法研，など

足立朋子（あだち　ともこ）【第5章5節】
　東京大学文学部社会心理学専修課程卒，Middlesex University Organization Consultancy 修士。ソニー株式会社入社，本社，米国，欧州にて人材開発，組織開発，グローバル人事などに従事。在スウェーデン人事コンサルタントとして欧州，日本の多国籍企業の人事プロジェクト推進支援。現在，テルモ株式会社グローバル人事部長。

渋谷雄（しぶや　ゆう）【第5章6節】
　京都工芸繊維大学教授。大阪大学工学部通信工学科卒，同大学大学院博士課程了，工学博士。同年京都工芸繊維大学助手，ドイツカッセル大学客員研究員を経て現職。
　ヒューマンインタフェース，メディアコミュニケーション，モバイルインタラクションに関する研究に従事。

大学のデジタル変革　DXによる教育の未来

2022 年 9 月 15 日　第 1 版 1 刷発行　　　　ISBN 978-4-501-63380-6 C3037

編著者　井上雅裕
　　　　© Japanese Society for Engineering Education 2022

発行所　学校法人　東京電機大学　〒120-8551　東京都足立区千住旭町 5 番
　　　　東京電機大学出版局　Tel. 03-5284-5386(営業) 03-5284-5385(編集)
　　　　　　　　　　　　　　Fax. 03-5284-5387　振替口座 00160-5-71715
　　　　　　　　　　　　　　https://www.tdupress.jp/

印刷・製本：大日本法令印刷(株)　　装丁：齋藤由美子
落丁・乱丁本はお取り替えいたします。　　　　　　　Printed in Japan